독자의 요청에 따라 당신의 영어공부와 발음에 도움이 되기 위하여
이 책에 **원어민 저자와 원어민 저자의 친구가 녹음**을 했습니다.

Thomas. Frederiksen

남자부분의 녹음은 이 책의 저자이
며 파파라치 시리즈 형제중에 한
사람인 토마스입니다.

Natalie Grant

여자부분의 녹음은 미국 에리조나주의
출신으로 현재 국제 관계학의 석사 학
위를 가지고 있으며 서울에서 영어를
가르치고 있는 내터리 입니다.

㈜진명출판사의 홈페이지에 들어오시면 무료로 mp3를 다운 받으실 수 있습니다.

www.jinmyong.com

 (주)진명출판사

토마스와 앤더스의
착한 1-2-3 쉬운 생활영어

초판 인쇄 | 2013년 10월 05일
3쇄 발행 | 2016년 06월 25일

저　　자 | Thomas & Anders Frederiksen
번　　역 | Carl Ahn
발 행 인 | 안광용
발 행 처 | ㈜진명출판사
등　　록 | 제10-959호 (1994년 4월 4일)
주　　소 | 서울 마포구 양화로 156, 1601호(동교동, LG팰리스빌딩)
전　　화 | 02) 3143-1336 / FAX 02) 3143-1053
홈페이지 | http://www.jinmyong.com
이 메 일 | book@jinmyong.com
마 케 팅 | 이애자, Dustin Jung
디 자 인 | 다원기획 (dawon6690@naver.com)

ⓒ Thomas & Anders Frederiksen, 2016
ISBN 978-89-8010-475-8-13740

· 잘못된 책은 교환해 드립니다.
· 이 책은 저작권법에 의해 보호를 받는 저작물이므로 무단 전재와 복제를 금합니다.

토마스와 앤더스의
착한 1-2-3
쉬운 생활영어

(주)진명출판사

추 천 글

Dear Readers,

2010. 08. 11. 괌에서 가족과 함께

Learning a new language is a fascinating journey that can open many doors to us. Being able to communicate with others is our main motivation for undertaking this enlightening, though sometimes difficult, voyage of discovery.

Here, in this third instalment of their Paparazzi series, the Frederiksen brothers provide readers with building blocks of one, two and three words.

The phrases you will find in this book are essential to creating a solid foundation for meaningful everyday communication.

I salute Thomas and Anders for their efforts to guide their readers in a productive direction towards practical verbal interaction with others.

Remember my friends: in the marathon to become proficient in a second language, one must first learn to walk, before attempting to run.

Good luck in your adventure!

Sincerely,

Professor Timothy John Sullivan
School of Global Education and Exchange
Soon Chun Hyang University

친애하는 독자 여러분,

새로운 언어를 배운다는 것은 우리 앞에 여러 다른 문이 열리는 것을 볼 수도 있는, 참으로 신나는 여정입니다. 이렇게 세상에 대한 우리의 눈을 확 밝혀주는 이러한 여정은 어떤 경우에는 고난에 찬 일이 될 수도 있습니다만, 그래도 으리가 이러한 여행을 떠나는 것은 주로 다른 사람과 의사를 주고받을 수 있기 때문에 그러는 것이죠.

프레데릭슨 형제는 한 마디, 두 마디, 세 마디로 대화를 이끌어갈 수 있는 영어책을 자신들이 펴낸 《파파라치 시리즈》의 세 번째 책으로 이 세상에 내놓았습니다. 이 책에 들어가 있는 표현들은 일상생활에서 구체적인 내용으로 의사소통을 하는 데 필요한 기본적인 뼈대라고 할 수 있습니다.

다른 사람과 실질적인 대화를 이끌어갈 수 있는 생산적인 영어표현을 입밖에 낼 수 있도록 독자들을 이끌고 있는 토마스와 앤더스에게 저는 경의를 표합니다.

독자 여러분은 이 점을 잊으시면 안 됩니다. 외국어를 유창하게 구사해야 하는 마라톤 경기에 참여하려면 우선 걷는 방법부터 배워야 한다는 점을 말이죠. 처음부터 뛰려고 하지 마시고요.

여러분의 여정에 행운이 가득하시길 빌겠습니다!

진심을 담아,

순천향 대학교
국제교육교류본부 교수
티모시 존 설리반

추천인 소개

팀 설리반은 미국 펜실베니아주 랭캐스터시에서 태어나서 자랐으며 밀러스빌 대학교에서 사학을 전공했다. 한국에서 생활한 지 거의 20년이 되고 있는 팀 설리반은 한국외국어대학교에서 한국어를 배웠으며 매일 생활 속에서 한국어를 익히고 있다. 현재는 아산에서 아름다운 아내와 2개국어를 구사하는 아들 두 명과 생활하면서 순천향 대학교에서 교편을 잡고 있는데, 그곳 국제 배드민턴 클럽에서 활발하게 활동하고 있다.

INTRODUCTION

영어에 이런 말이 있습니다.

"좋은 일은 작게 포장되어 우리에게 온다."

맞는 말입니다. 그래서 우리는 『토마스와 앤더스의 착한 1-2-3 쉬운 생활영어』를 엮게 되었습니다.

영어를 잘한다는 것은 길고 복잡하게 표현한다는 것이 아니라는 점을 보여주기 위해, 이 책에서는 단지 한두 단어 또는 세 단어를 바탕으로 하는 표현들을 모았습니다. 기억하기도 쉽고 활용하기도 쉬운 표현들인 거죠. 하지만, 이렇게 짧은 표현들이 얼마나 다양한 감정을 나타내고 다양한 상황에서 활용될 수 있는지, 놀라울 정도로 유연한 활용성을 이 책을 통해 확인할 수 있을 것입니다. 이 책에 나온 짧은 문장들을 여러분의 회화속에 포함시키면 여러분은 보다 보편적이고, 자연스러우며, 살아 있는 영어를 구사 할 수 있게 될 것입니다.

『토마스와 앤더스의 착한 1-2-3 쉬운 생활영어』를 통해 여러분에게 "정말로 좋은 일들"이 생겨나길 바랍니다.

즐거운 공부 되세요!

Thomas & Anders Frederiksen

ONE Word

- 01 **Alright** 좋아, 괜찮아 **16**
- 02 **Anytime** 언제든지 말만 해 **17**
- 03 **Apparently (so)** 아마도 (그런 것 같아) **18**
- 04 **Congratulations** 축하해 **19**
- 05 **Exactly / Absolutely** 그렇고 말고 **20**
- 06 **Finally** 드디어 **21**
  - **BONUS Page** 첫 번째 이야기: 형용사와 부사를 이용한 한 마디 대답 **22**
- 07 **Freeze / Stop** 꼼짝 마 / 그만 해 **24**
- 08 **Okay** 알았어, 괜찮아 **25**
- 09 **Really?** 정말? **26**
- 10 **(That's / You're) Right** (그 말이 / 네 말이) 맞아 **27**
- 11 **Sorry / Forgive me / I apologize** 미안해 / 용서해줘 / 사과할게 **28**
- 12 **Thanks** 고마워 **30**
- 13 **Whatever** 그러든가 말든가 **31**
  - **BONUS Page** 두 번째 이야기: 의문사 **32**

VOCABULARY **34**

TWO Words

01 **A few** 약간, 조금 36
02 **After you** 먼저 하시죠 37
03 **All set** 준비 완료, 다 됐어 38
04 **Allow me** 내가 하게 해줘 39
05 **Anything else?** 그밖에 다른 건? 40
06 **At last** 마침내, 드디어 41

BONUS Page 세 번째 이야기: Be, Stay & Keep 42

07 **Be careful** 조심해, 주의해 / 신중해 44
08 **Beats me** 나도 몰라 45
09 **(God) Bless you** 복 받으실 거예요, 신의 축복이 있길 46
10 **Calm down** 진정해 47
11 **(I) Can't wait** 빨리 그 날이 왔으면 좋겠어 48
12 **Cheer up** 기운 내, 힘 내 49
13 **Come here** 이리 와 50
14 **Come on** 웬일이니, 왜 이래 이거, 작작 좀 해 / 어서, 빨리 51
15 **Don't bother** 번거롭게 그럴 필요 없어 52
16 **Don't cry / move/run/shout** 울지 마 / 움직이지 마 / 달리지 마 / 소리치지 마 53
17 **Don't worry / No worries** 걱정 마 54
18 **Excuse me** 실례합니다 / 뭐라고요?! / 다시 한 번 말씀해 주세요 55
19 **Forget it / Forget (all) about it** 말도 안 돼 / 괜찮아, 별말씀을 / 신경 꺼 56
20 **Get real** 정신 차려 57
21 **Go ahead** (맘껏, 어서) 그렇게 하세요 58
22 **Go on** 계속해 / 어서 해봐 59

BONUS Page 네 번째 이야기: Please 활용하기 60

23.	**Good job** 잘했어	**61**
24	**Good luck** 행운을 빌어	**62**
25	**(That's a) Good point** 좋은 지적이야, 일리 있는 말이야	**63**
	BONUS Page 다섯 번째 이야기: How + 형용사	**64**
26	**Guess what?** 알아맞혀봐!	**67**
27	**Hands off** 손 대지 마 / 간섭하지 마	**68**
28	**Happy anniversary** 결혼/창사/창립 기념일 축하해	**69**
29	**Heads up** 조심해 / 미리 알립니다 / 주목하세요	**70**
30	**Hold it** 기다리다, 멈추다 / 그대로 들고 있다, 그 상태를 유지하다	**71**
	BONUS Page 여섯 번째 이야기: How + 부사	**72**
31	**Hold on** (기다리거나 멈추라며) 잠깐만 / 물건을 안전하게 맡아두다 / 꼭 붙들다	**75**
32	**How come?** 어째서? 왜?	**76**
33	**How's business / life/everything?** 사업은 어때? / 사는 건 좀 어때? / 만사형통하니?	**77**
34	**I agree / disagree** 맞는 말이야, 동의해 / 동의 못 해	**78**
35	**I promise** 약속해	**79**
	BONUS Page 일곱 번째 이야기: I'm + 형용사	**80**
36	**I'm joking / kidding** 농담이야	**82**
37	**It hurts** (몸 또는 마음이) 아파	**83**
38	**Keep dreaming** 꿈이나 계속 꾸셔	**84**
39	**Kind of / Sort of** 조금, 어느 정도	**85**
40	**Let go** 놓아줘	**86**
41	**Let's go** 가자	**87**
42	**Looking good** 좋아/괜찮아/예뻐/잘생겨 보이는데	**88**
43	**Me too** 나도	**89**

BONUS Page 여덟 번째 이야기: 대접하고 감사하기 **90**

44 **Never mind** 신경 쓰지 마 **93**

45 **Nice try** 시도는 좋았어 **94**

46 **No kidding** 농담 마 / 말도 마 **95**

47 **No problem** 별거 아냐, 괜찮아, 문제없어 **96**

48 **No sweat** 걱정 마, 신경 쓰지 마 / 문제없어, 별거 아냐 (어려운 일 아냐) **97**

49 **No use / It's no use** 아무 소용 없어 **98**

50 **No way / Not a chance** (말도) 안 돼 / 그럴 리가 없지 **99**

51 **No wonder** 당연하지, 놀랄 일도 아냐 **100**

52 **Not bad** 상당한데 / 나쁘지 않은데 **101**

53 **Not likely / It's unlikely** 당치 않아, 그럴 리 없어 **102**

54 **Not me** 난 아냐 / 나한테 그러지 마 **103**

BONUS Page 아홉 번째 이야기: 격식 없이 쓰는 문자 메시지 슬랭 **104**

55 **Not really** 정말 아녜요 / 별로요 **105**

56 **Of course** 물론이죠 **106**

57 **Oh well** 아, 그래요 **107**

58 **Oh yeah?** 아, 그래? **108**

59 **Once more** 한 번 더 **109**

60 **Pretty bad** 아주 안 좋아, 너무 심해 **110**

61 **Right away / Right now** 지금 당장, 바로 지금 **111**

62 **Say when** 됐다고 말해주세요 **112**

63 **See you / See you later / See you around** 안녕, 있다 봐, 또 봐 **113**

64 **Since when?** 언제부터? **114**

65 **Shut up** 닥쳐, 입 좀 닫아 **115**

66 **Slow down** 천천히 해 **116**

67 **Something's wrong** 문제가 좀 있어 **117**

68	**So what?** 그래서 뭐? 그래서 어쩌라구? **118**
69	**Sounds great / terrible** 이야, 좋겠다, 잘됐다 / 끔찍해 **119**
	BONUS Page 열 번째 이야기: 사람을 거부하고 밀어낼 때 쓰는 표현 **120**
70	**Stop whining / sulking/complaining** 그만 징징대, 우는 소리 좀 그만해 / 그만 골내 / 불평 그만해 **122**
71	**Suit yourself** 네 맘대로 해 **123**
72	**Take care** 조심하다 / 돌보다 / 맡다, 처리하다 **124**
73	**That's all** 그게 다예요, 다 됐습니다, 이상입니다 **125**
74	**That's enough** 그거면 충분해[됐어] / 고만 좀 해라, 작작 좀 해라 **126**
75	**That's crazy / insane/nuts** 미쳤구만, 정신 나갔구만 **127**
76	**That's it** 바로 그거야 / 이것으로 끝이야 **128**
77	**That sucks / stinks** 완전 엿같다 **129**
78	**Time's up** 시간 다 됐어 **130**
79	**Too bad** 이런, 난감하네 / 안됐네 / 아쉽네 **131**
80	**Tough luck** 재수 더럽게 없네 / 참 딱하게 됐네 **132**
81	**Trust me** 날 믿어 **133**
82	**Try again** 다시 해봐 **134**
83	**Watch out / Look out** 조심해 **135**
84	**Well done** 잘했어 **136**
85	**We'll see** 두고 보자 **137**
	BONUS Page 열한 번째 이야기: 문맥에 따라 이해해야 하는 표현들 **138**
86	**(Now) We're even** (이제) 다 청산됐어, 서로 빚진 거 없어 **139**
87	**What else?** 그밖에 또? 그밖에 다른 건? **140**
88	**What's that?** 그게 뭐야? **141**
89	**What's wrong?** 왜 그래? 무슨 문제 있어? **142**
90	**What's up?** 잘 지냈어? / 무슨 일이야? **143**

91	**Who cares?** 알게 뭐야? 누가 신경이나 쓴대? **144**	
92	**Why not?** 왜? / 하는 게 어때? / 해봐! **145**	
93	**You bet** 물론이지 / 장담해 **146**	
94	**You chicken** 이 겁쟁이야 **147**	
95	**You idiot / fool/dummy** 이 멍청아, 바보 멍청이 같으니라구 **148**	
96	**(It's) Your choice** 네가 선택해, 네 맘대로 해 **149**	
97	**You're exaggerating** 과장이 심하군 **150**	

VOCABULARY 151

THREE Words

BONUS Page 열두 번째 이야기: 전화 대화 **158**

01	**By the way** 그건 그렇고, 그런데 **160**	
02	**Check it out** 봐, 확인해봐 **161**	
03	**Count me in / out** 나 끼워줘 / 난 빼줘 **162**	
04	**Count on it** 믿어도 돼, 기대해도 돼 **163**	
05	**Cut it out** 그만 좀 해 **164**	
06	**Don't be silly** 바보같이 굴지 마, 바보 같은 소리 마 **165**	
07	**Don't give up** 포기하지 마 **166**	
08	**Don't mention it** 별말씀을, 그런 말 마 **167**	
09	**Don't touch that / it** 만지지 마 **168**	
10	**Don't you dare** 그럴 생각일랑 꿈도 꾸지 마, 절대 그러지 마 **169**	
11	**Easy does it** 조심해서 살살 해, 쉬엄쉬엄 해 **170**	

12	**Enjoy your trip** 즐거운 여행을 보내	**171**
13	**Get over it / yourself/him** 그만 잊어, 훌훌 털어버려	**172**
14	**Good for you** 잘됐다	**173**
15	**Have a seat / Take a seat** 앉으세요	**174**
16	**He's all talk** 그 사람은 늘 말뿐이야, 말만 그렇게 해	**175**
17	**Here you go** 자, 여기 있어 / 여기다('찾았다'는 의미) / 갑니다('시작합니다'라는 의미)	**176**
18	**How are you? / How's it going?** 잘 지내니? 잘 돌아가니?	**177**
19	**How dare you?** 당신이 어떻게 감히?	**178**
20	**I appreciate it / I'd appreciate it** 정말 고맙습니다 / 그래 주시면 고맙죠	**179**
	BONUS Page 열세 번째 이야기: "신경 안 써" vs. "괜찮아요"	**180**
21	**I can manage** (어떻게 해서든) 할 수 있어	**182**
22	**I doubt it** 아닐 걸, 힘들 걸, 안 될 걸, 못 할 걸 (의심쩍다는 어감)	**183**
23	**I don't know / I'm not sure** 몰라요 / 잘 모르겠어요	**184**
24	**I feel great / It feels great** 기분 너무 좋아	**185**
25	**I feel sick** 몸이 안 좋아 / 속이 메스꺼워, 토할 거 같아	**186**
26	**I guess so / I guess not** 그런 것 같아 / 아닌 것 같아	**187**
27	**I mean it** 진심이야, 진짜야	**188**
28	**I'd rather not** 안 그러는 게 좋을 것 같아	**189**
29	**I'm with you** 동감이야 / 같이 있을게	**190**
30	**If you insist** 정 그러시다면	**191**
	BONUS Page 열네 번째 이야기: I'm / It's/That's OK 괜찮아	**192**
31	**Is that clear?** 알겠어? 알아들었어?	**195**
32	**It / That doesn't matter** 그건 중요치 않아, 아무래도 상관없어	**196**
33	**It / That makes sense** 일리 있는 말이야, 이치에 맞는 말이야	**197**
34	**It was nothing** 별거 아녔어요	**198**

35	**It's a deal** (거래 조건에 대해) 좋아요, 그렇게 합시다	**199**
36	**It's about time** 때가 되긴 했지, 했어도 벌써 했어야지	**200**
37	**It's all yours** 맘껏 쓰세요 / 가지세요	**201**
38	**It's an emergency** 응급 상황이에요, 비상 사태예요	**202**
39	**I'm right here / It's right here** 나, 바로 여기 있어 / 그건 바로 여기 있어	**203**
	BONUS Page 열다섯 번째 이야기: Just a moment / Hold on / Wait a minute 잠깐만요	**204**
40	**It's your turn** 네 차례야	**206**
41	**Just in time** 딱 맞춰 왔네, 때마침 왔네	**207**
42	**Let me explain** 내가 설명할게	**208**
43	**Let's get going / moving/started** 출발합시다, 갑시다 / 시작합시다	**209**
44	**Mind your manners** 매너 좀 지켜, 예의 바르게 굴어	**210**
45	**Never say never** 절대 안 된다는 말은 절대 하지 마	**211**
46	**No hard feelings** 유감 없어 / 마음 상하지 마	**212**
47	**Not at all** 전혀 (안 그래 / 아냐)	**213**
48	**Not so fast** 잠깐만, 멈춰봐 / 서두르지 마	**214**
49	**Nothing to it** 별거 아냐, 식은 죽 먹기야 / 아무 일도 없어, 근거 없는 얘기야	**215**
50	**Now you're talking!** 그렇지, 이제야 말이 통하네!	**216**
51	**Piece of cake** 식은 죽 먹기야	**217**
	BONUS Page 열여섯 번째 이야기: 관용 표현	**218**
52	**Practice makes perfect** 자꾸 연습하면 되게 돼 있어	**220**
53	**Pull yourself together!** (감정에 휩쓸리지 말고) 진정해, 정신 차려, 기운 내	**221**
54	**Serves you right** 꼴 좋다, 쌤통이다	**222**
55	**Shame on you** 부끄러운 줄 알아	**223**
56	**So do I!** 나도 그래!	**224**
57	**Stay / Keep in touch!** 계속 연락하고 지내자!	**225**

58	**Step on it / Floor it / Gun it** 더 밟아, 속도를 내, 돌진해	**226**
59	**Take a break** 잠깐 쉬어	**227**
60	**Take it easy** 천천히[느긋하게] 해 / 진정해 / 쉬어가면서 해	**228**
61	**Take your time** 천천히 하세요, 시간을 충분히 들이세요	**229**
62	**That's no excuse** 그건 변명이 안 돼	**230**
63	**That's the spirit** 그래, 바로 그런 정신[자세]이야!	**231**
64	**Think it over / Think about it** 잘 생각해봐	**232**
65	**Time will tell** 시간이 말해주겠지, 시간이 지나면 알게 되겠지	**233**
	BONUS Page 열일곱 번째 이야기: What a + 명사	**234**
66	**Wait for me** 좀 기다려줘	**237**
67	**What a relief! / That's a relief!** (안심이 될 때) 휴, 다행이야!	**238**
68	**What for? / What's the use? / What's the point?** 뭣 땜에? / 뭐하려고? / 그게 무슨 소용이야?	**239**
69	**Whatever you say / Whatever you want** 그러든가 / 너 좋을 대로	**240**
70	**What's going on?** 무슨 일이 생긴 거야? / 어떻게 되어가고 있어?	**241**
71	**What's the matter?** 무슨 일이야? 왜 그래?	**242**
72	**Way to go** 잘했어 / 파이팅 / 계속 그렇게 하는 거야	**243**
73	**You got it / I got it** 알았어	**244**
74	**I've got it** 알겠어 / 옳거니, 알겠다	**245**
75	**You owe me** 너, 나한테 신세졌다 / 신세 갚아라	**246**
76	**You look great** 무척 예뻐/멋있어/근사해/괜찮아 보여	**247**

VOCABULARY 248

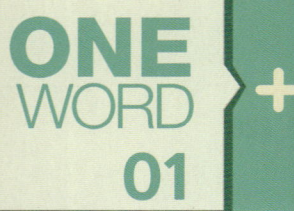
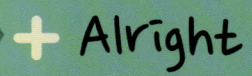

Alright

좋아, 괜찮아

- Let's meet at 6 tomorrow.
  내일 6시에 만나자.
- **Alright.**
  좋아, 그러자.

- **Is it alright if** I borrow your calculator?
  네 계산기를 좀 빌려 써도 되겠니?
- Sure, that's **alright**.
  물론이지, 빌려가.

- I heard you've been sick. How are you feeling now?
  아팠다는 얘기를 들었는데, 지금은 괜찮아?
- **I'm alright.** Thank you.
  괜찮아졌어. 고마워.

알아두세요!

alright라고 표기하는 문제에 관해서는 논란의 여지가 있죠. **all right**라고 해야 정확하지, **alright**는 비표준적인 철자라는 주장이 있습니다. 하지만 **alright**라고 한 단어로 표기하는 것이 격식을 따지지 않는 글에서는 대세를 이루고 있답니다.

ONE WORD 02

Anytime
언제든지 말만 해

- **Thanks for helping me move in.** 이사하는 걸 도와줘서 고마워.
- **Anytime.** 뭘, 그런 걸 가지고. 앞으로도 말만 해.

- **Thank you for comforting me.** 저에게 위로의 말을 해주셔서 감사합니다.
- **Anytime you need me**, I'll be there. 언제든지 제가 필요하면 곁에 있어드릴게요.

- **What time would you like to meet?** 몇 시에 만나 볼까요?
- **Anytime is fine with me.** 저는 언제라도 괜찮습니다.

 이렇게도 쓰여요!

any time 아무 때든

- I'm sorry that I'm so busy these days.
  요즘 너무 바빠서 미안해.

- That's ok. I appreciate **any time** we can spend together.
  괜찮아. 아무 때든 우리가 함께 지낼 수 있다는 거에 감사해.

 알아두세요!

alright처럼 anytime도 any time이라고 두 단어로 표기할 수 있습니다. 하지만 이 경우에는 의미가 달라지죠.

anytime은 시점을 나타내는 말로, '언제든지'라는 뜻입니다.

- I can meet you **anytime**.
  언제든지 당신을 만날 수 있어요.

any time은 기간을 나타내는 말로, '어떤 기간의 시간이든'이라는 뜻입니다.

- I don't think I have **any time** today.
  오늘은 시간이 전혀 없을 것 같은데

17

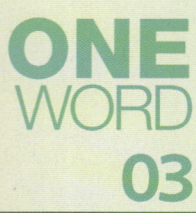

Apparently (so)

아마도 (그런 것 같아)

- Are you sick?
  어디 아프니?

- **Apparently.** I feel terrible.
  아마도. 컨디션이 최악이야.

- Did Bruce go on vacation?
  브루스는 휴가 갔어요?

- **Apparently.** I haven't seen him around lately.
  아마도요. 요 며칠 그 사람 안 보이던데요.

- Did Hyun-sub really lose 20 kilograms?
  현섭이가 정말 20킬로를 뺀 거야?

- **Apparently so**, he looks really thin these days.
  아마도 그런 것 같아. 요즘 들어 정말 날씬해 보이던데.

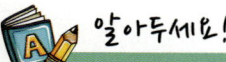

Apparently는 동사 **appear**와 가까운 사이랍니다. 그래서 "그래 보여", "그런 것 같아"라는 의미의 It appears so. / It looks like it. / It seems that way. / I guess so. 등과 같이 어떤 상황이 우리들 눈에 어떻게 보이는지를 나타내는 표현들과 비슷한 의미로 쓰이죠.

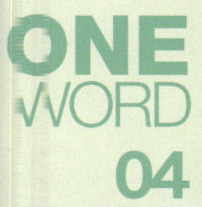

Congratulations
축하해

- Today is my birthday.
  오늘 내 생일이야.
- **Congratulations!**
  축하해!

- I just completed my first half-marathon last weekend.
  지난 주말에 내 생애 첫 하프마라톤을 완주했어.
- **Congrats!**
  축하해!

- **Congratulations on** your promotion. 승진을
  anniversary. 결혼기념일을
  birthday. 생일을
  achievement. 목표 달성을
  축하해.

알아두세요!

명사 **Congratulations**는 항상 복수형으로 쓴답니다. **Thanks**(고마워), **Regards**(안부 전해줘), **Best wishes**(행운을 빌어), **Greetings**(안녕하세요), **Condolences**(애도 드립니다) 등도 마찬가지죠. 인사조나 칭찬조로 사람들이 이런 감정을 편지에 드러낼 때는 딱 한 번만 쓰고 마는 것이 아니라 으레 여러 번 쓰게 되잖아요. 그래서 이런 말들은 항상 복수형으로 쓰게 된 거죠. '축하들(congratulations)로 묶은' 꽃다발을 줄 수 있는데, 왜 달랑 '축하(congratulation)' 하나에 만족하겠어요?

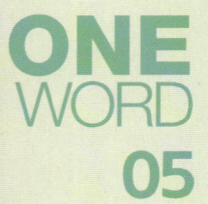

ONE WORD 05

Exactly / Absolutely
그렇고 말고

- You mean you're looking for a girl who is both intelligent and pretty? 그러니까, 넌 지적인데다 얼굴도 예쁜 여자를 찾는단 말이지?

- **Exactly!** 그렇지!

- We should come back to this restaurant. Don't you agree?
  우리, 이 레스토랑에 다시 오자. 동의하지 않니?

- **Absolutely!** 완전 동감이야!

- Would you say this new movie is your best one yet?
  이 신작 영화가 당신이 만든 것 중에서 최고의 영화라고 할 수 있을까요?

- **Absolutely!** I really think it will be a huge blockbuster.
  그렇고 말고요! 이 영화는 엄청난 블록 버스터가 될 것 같아요.

- I don't think our students are competitive enough.
  우리 학생들은 별로 경쟁력이 없는 것 같아요.

- Yeah, the government needs to invest more money in education.
  맞아요, 정부에서 교육에 좀더 돈을 투자할 필요가 있어요.

- **That's exactly my point!** I'm glad you agree.
  = That's **exactly** what I mean.
  제 말이 바로 그거예요! 와, 생각이 같다니 반갑네요.

알아두세요!

Exactly는 상대의 말이나 의견에 대해 내 생각도 '정확히' 그렇다는 것을 강조하는 표현입니다. 반면 **Absolutely**는 동의하는 정도가 '완전무결하다'는 점에 무게를 실은 표현이죠. 어쨌든 이 두 표현은 모두 상대의 말이나 의견에 대해 전적으로 동의하거나 공감할 때 쓸 수 있습니다.

+ Finally

드디어

- Ok, your visa has been confirmed.
  됐습니다. 비자가 승인되었습니다.

- **Finally!**
  드디어 됐구나!

- Mr. Anderson? The doctor will see you now.
  앤더슨 씨? 의사 선생님께서 이제 봐주실 겁니다.

- **Finally!** I've been waiting forever.
  드디어! 정말 오래 기다렸네요.

- **The day has finally come for** the new Superman movie to be released. I've been looking forward to it!
  새 슈퍼맨 영화가 드디어 개봉하는구나. 정말 기다렸다고!

알아두세요!

Finally / Really / Already / Definitely와 같은 한 단어 부사는 숙어처럼 한 마디 표현으로 쓰일 수 있습니다.

- The art exhibit is closing soon. It's time to leave.
  미술 전시회가 곧 문을 닫을 예정입니다. 퇴실해 주시기 바랍니다.
- **Already?** 벌써?

- I think David Beckham was the most influential soccer player of the 90s. 데이빗 베컴은 90년대 가장 영향력 있는 축구선수였던 것 같아.
- Yeah, **definitely!** 그래, 그렇고 말고!

형용사와 부사를 이용한 한 마디 대답

다양한 형용사를 알아두면 여러 가지 감정을 표현하는 데 유용합니다. 의미가 겹치는 형용사들이 많아서, 긍정적인 대답이나 부정적인 대답, 또는 놀라거나 흥미로운 감정 등과 같은 비슷한 상황에 이런 형용사들을 대답으로 이용하면 되죠.

- I finally passed my exam.
  드디어 시험에 합격했어.

    - Fantastic! / Wonderful! / Great! / Awesome! / Terrific!
      진짜 잘 됐다!

- How was the art exhibit?
  미술 전시회는 어땠어?

    - Terrible! / Horrible! / Awful!
      완전 별로였어!

- I hit two holes-in-one today!
  오늘 홀인원을 두 개 했어!

    - Unbelievable! / Incredible! / Amazing!
      이야, 끝내준다!

- … and that's the history of Gyeongbok Palace.
  … 이게 바로 경복궁의 역사입니다.

    - Interesting. / Fascinating.
      흥미로운데요.

한편, 부사는 어떤 일을 하는 빈도에 대해 이야기할 때 유용하게 쓸 수 있어요.

- Are you still studying English?
  아직도 영어 공부하고 있니?

  - Always.
    항상 해.
  - Continuously.
    계속 하고 있어.
  - Quite frequently.
    꽤 자주 하지.
  - Sometimes.
    가끔 해.
  - Now and then.
    이따금 해.
  - Occasionally.
    가끔 해.
  - Once in a while.
    어쩌다 한 번씩 해.

- When will you start studying English?
  언제 영어 공부를 시작할 거야?

  - Soon.
    곧.
  - Never.
    절대 안 할 거야.
  - In a while. / After a while.
    좀 있다가.
  - From now on.
    지금부터.

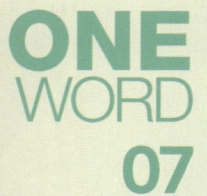

Freeze / Stop
꼼짝 마 / 그만 해

- **Freeze!** 꼼짝 마!
- **What's wrong?** 왜 그래?
- **You almost stepped on that chewing gum.** 너, 껌 밟을 뻔했어.

- **The car crash was so gross, there was blood everywhere.**
  그 자동차 충돌 사고, 정말 토 나올 것 같았어. 사방이 피범벅이었어.
- **Stop!** I don't want to hear any more.
  그만 해! 더 듣고 싶지 않아.

- **You are the worst girlfriend I've ever had…**
  넌 내가 만났던 애들 중에 제일 나쁜 계집애야.
- **Stop it!** Why are you being so mean to me!
  그만 좀 해! 넌 어째서 나한테 이렇게 치사하게 구는 거니!

 이렇게도 쓰여요!

- I think the boss has it in for me. She's trying to get me fired.
  사장이 나한테 감정이 안 좋은 것 같아. 날 자르려고 해.
- **Stop your nonsense.** You know that's not true.
  말도 안 되는 소리 마. 그렇지 않다는 거 너도 알잖아.

 알아두세요!

일상생활에서 Freeze!라고 말하면 다소 저급한 느낌이 들어요. Freeze!는 보통 경찰에 국한돼서 쓰이거나 누군가에게 총을 겨누면서 "꼼짝 마!"라고 할 때 쓰인답니다. Stop!은 "멈춰.(Don't move.)", "그만해.(Hold it. / Hold on.)"라는 의미로 훨씬 더 보편적이고 다양하게 쓰이죠.

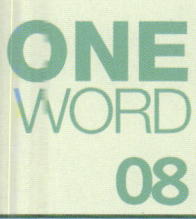

+ okay
알았어, 괜찮아

- Please fill out this application form.
  이 신청서를 작성해 주세요.

- **Okay.**
  알겠습니다.

- Did you proofread the document I wrote? **Was it OK?**
  제가 쓴 문서를 교정봤나요? 괜찮던가요?

- Yes, everything was **OK**. You did a good job.
  네, 다 괜찮던데요. 아주 잘 썼더라구요.

- I don't understand why people think **it's OK to** throw their garbage everywhere.
  사람들은 왜 자기 쓰레기를 아무데나 버려도 괜찮다고 생각하는 건지 이해가 안 돼.

 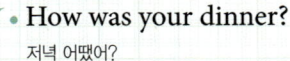

- How was your dinner?
  저녁 어땠어?
- **It was just OK.** Nothing special.
  뭐 그냥 괜찮았어. 특별할 게 없었어.

 알아두세요!

OK는 비표준어이기 때문에 딱 하나로 정해진 철자가 없답니다. 즉 OK 또는 O.K.나 okay로 모두 써도 되죠.

25

ONE WORD 09

Really?
정말?

- Did you know the universe contains more than 100 billion galaxies? 우주엔 1000억 개가 넘는 은하가 있다는 사실 알고 있었니?

- Really? That's unbelievable.
  정말? 믿을 수가 없는 걸.

- Jimmy told me he's a financial genius.
  지미 말이 자긴 금융 분야의 천재래.

- Really? I heard he gets all his money from his parents.
  정말? 내가 듣기론 그 사람, 자기 부모한테서 돈을 전부 타서 쓴다던데.

- I think you're the kindest person I've ever met.
  당신은 내가 만나본 사람 중에 제일 친절한 분이에요.

- Really? Well, I'm glad to hear that.
  정말요? 음, 그런 말을 들으니 기쁘네요.

이렇게도 쓰여요!

★ You don't say!	설마!
★ Are you for real?	정말이니?
★ Seriously?	진짜? 진담이니?
★ Are you serious?	진짜? 진담이니?

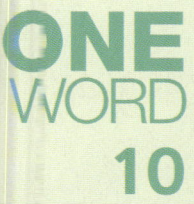

(That's / You're) Right
(그 말이 / 네 말이) 맞아

- Hey, you used to attend Yonsei University, **right**?
  이봐, 너 연세대학교 다녔었지, 그지?

- **Right.** 맞아.

- Excuse me, don't you work at the local cafe?
  실례합니다만, 이 동네 카페에서 일하지 않으세요?

- **That's right.** I recognize you, too.
  맞아요. 저도 당신을 알아요.

- These days, it's important to create a long-term relationship with your customers.
  요즘엔 고객들과 장기적인 관계를 창출해내는 게 중요해요.

- **You're right.** I try to teach that to all my employees
  맞아요. 저는 전 직원에게 그렇게 가르치려고 애쓰죠.

11 Sorry / Forgive me / I apologize

미안해 / 용서해줘 / 사과할게

❶ 미안해 Sorry

- Why didn't you show up for practice yesterday?
  어제 연습 때 왜 안 온 거야?

- **Sorry**. I fell asleep on the couch.
  미안. 소파에 누워있다 잠들어버렸지 뭐야.

- You're sitting in my seat.
  제 자리에 앉아 계신데요.

- **Sorry about that.** I didn't know these seats were numbered.
  죄송합니다. 좌석 번호가 있는지는 몰랐어요.

- Why did you call me at 3 a.m. last night?
  왜 새벽 3시에 전화했던 거야?

- **I'm so sorry.** I got drunk and made a stupid mistake.
  정말 미안해. 술이 취해서 바보 같이 실수했어.

❷ 용서해줘 / 사과할게 Forgive me / I apologize

- Hey, you're an hour and a half late for our party. What gives?
  야, 너 파티에 1시간 반 늦었다. 무슨 일이야?
- **I apologize**. I had to attend a meeting at work.
  미안해. 회사 회의에 참석해야 했었거든.

- It really hurt my feelings when you said you didn't like my parents. 당신이 우리 부모가 맘에 안 든다고 했을 때 정말 상처받았어.
- **Please forgive me.** I'll make it up to you.
  용서해줘. 내가 앞으로 만회할게.

- **Forgive me** for interrupting, but could I get your autograph? I'm a huge fan.
  끼어들어서 죄송합니다만, 사인 좀 해주시겠어요? 광팬입니다.

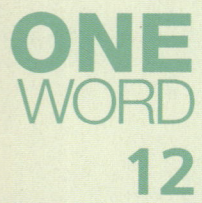

ONE WORD 12 + Thanks
고마워

- Here is your order, Ma'am. Enjoy your meal.
  주문하신 음식 나왔습니다. 손님. 맛있게 드세요.
- **Thanks.** 감사합니다.

* Ma'am [mæm] 가게 점원이 여자 손님을 공손하게 부를 때 쓰는 말

- Let me help you get ready for your trip.
  여행 준비하는 거 도와줄게.
- **Thanks a lot!** 정말 고마워!

- **Thanks a lot for** helping me with my essay.
  에세이 쓰는 거 도와줘서 정말 고마워.
- No problem. 별거 아냐.

 이렇게도 쓰여요!

- Would you like another cup of coffee?
  커피 한 잔 더 하실래요?
- **No, thanks.** I've already had six.
  고맙습니다만, 됐어요. 벌써 6잔 마셨는걸요.

 알아두세요!

thanks에 양을 나타내는 말을 붙여 다양한 방법으로 감사의 의미를 전달할 수 있습니다.

- Thanks so much.   너무 고마워.
- Thanks a ton.   갑절로 고마워.
- Thanks a lot.   정말 고마워.
- Thanks a million.   어마무지하게 고마워.

thank you와 thanks를 혼동하지 마세요. **Thanks you**라고 말하는 것은 잘못된 표현입니다. **thanks**는 명사이기 때문에 "Thanks a lot."이라고 말하면 'a lot of thanks(많은 감사를 드린다'는 것입니다. 반면, "Thank you."는 "I thank you."의 줄임말로, 이때 **thank**는 동사로 쓰이고 있는 거죠.

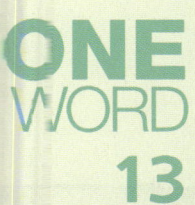

+ Whatever

그러든가 말든가

- I'm so popular with women. I once dated a supermodel.
  난 여자들한테 아주 인기가 많아. 한땐 슈퍼모델과도 사귀었다고.

- Yeah, whatever...
  응, 그렇든가 말든가...

- It's your fault that I lost money on the stock market! You gave me a bad tip.
  주식에서 돈을 잃은 건 다 네 잘못이야! 네가 정보를 잘못 줬잖아.

- Whatever... you're responsible for your own investments.
  그렇든 말든… 네가 직접 투자한 건 네 책임이야.

- I heard Ronaldo might be returning to Manchester this summer.
  호날두가 이번 여름에 맨체스터 팀으로 돌아올지도 모른다고 하던데.

- Whatever. That's just a rumor.
  그러든 말든. 그냥 소문일 뿐이야.

Whatever는 Whatever you say(그러든가 말든가)의 줄임말로 격식 없이 쓰는 표현입니다. 어떤 진술을 거부하거나 무시할 때, 또는 상대방이 하는 말에 무관심을 드러낼 때 사용되죠.

의문사

의문사는 다음과 같이 어떤 정보를 더 알아내기 위해 사용됩니다.

사람에 대한 정보를 알고 싶을 때는 **who**, 장소에 대한 정보는 **where**, 시간에 대한 정보는 **when**, 어떤 것에 대한 이유는 **why**, 어떤 일이 생기는 원리나 방법, 수단을 알고 싶을 때는 **how**를 이용하죠.

- a person = who
- a place = where
- a time = when
- a thing = what
- a reason = why
- the way or manner that something takes place = how

다음 대화를 통해 이러한 의문사들이 어떤 식으로 쓰이는지 보도록 하죠.

I have a surprise for you. 놀래켜 줄 일이 있어.

What? 뭔데?

I'm inviting you on a vacation. 널 휴가여행에 데려갈 거야.

Where? 어디로?

To Hawaii! 하와이로!

When? 언제?

For our anniversary next week. We leave on Friday. 우리 결혼기념일을 맞아 다음 주에. 우린 금요일에 떠나.

How? 어떻게?

By plane, first class. 비행기 일등석 타고.

With whom? 누구랑?

Just you and me, of course! 그야 너랑 나 단 둘이지!

Why? 왜?

Because I love you. 널 사랑하니까.

Thank you!! 고마워!!

주의하세요!

실제 생활에서 이런 식으로 대화가 이루어질 리는 물론 없겠죠. 있다 하더라도 최소한 짜증을 유발할 거예요. 이런 식으로 말끝마다 의문사로 토를 단다면 말을 꺼낸 사람은 십중팔구 하와이 여행을 취소할 거예요.

VOCABULARY

A

a bad tip	잘못된 정보
absolutely [ǽbsəlùːtli]	절대적으로, 그렇고말고
achievement [ətʃíːvmənt]	이룩한 것, 달성한 일, 업적
amazing [əméiziŋ]	경이로울 정도로 좋은
apparently [əpǽrəntli]	겉보기에는, 언뜻 보기에는, 언뜻 생각하기에는
appear [əpíər]	보이다
application form [əpləkéiʃən fɔːrm]	신청서
appreciate [əpríːʃièit]	~을 감사하게 생각하다
attend a meeting	회의에 참석하다
autograph [ɔ́ːtəgrǽf]	(유명인에게 받는) 사인
awesome [ɔ́ːsəm]	아주 멋진, 훌륭한
awful [ɔ́ːfəl]	아주 안 좋은, 끔찍한

B-C

blockbuster [blɑ́kbʌ̀stər]	히트를 친 영화 원래는 도시의 한 블록(block)을 파괴시킬 수 있는 강력한 폭탄(buster)을 의미했음.
chew [tʃuː]	씹다. chewing gum은 씹는 고무, 즉 껌
competitive [kəmpétətiv]	경쟁력이 있는
condolences [kəndóuləns̀iːz]	조의, (편지 또는 장례식장 등에서) 삼가 조의를 표합니다
contain [kəntéin]	포함하다
customer [kʌ́stəmər]	고객, 손님

D-E

duration [djuəréiʃən]	지속기간
education [èdʒukéiʃən]	교육
employee [implɔ́iíː]	직원
enough [inʌ́f]	충분한 형용사 뒤에 붙을 경우에는 만족스럽거나 받아들일 수 있을 정도로 충분하다는 의미를 전달한다.
exactly [igzǽktli]	정확하게, 꼭 그대로, 그렇고말고
exhibit [igzíbit]	전시회

F

fascinating [fǽsənèitiŋ]	아주 매력적인
fill out	(서류 등을) 작성하다
finally [fáinəli]	드디어, 마침내
financial [finǽnʃəl]	금융의, 재정의
freeze [friːz]	얼다, 얼리다, (경찰관 등의 명령어) 꼼짝 마
frequency [fríːkwənsi]	빈도
frequently [fríːkwəntli]	자주, 빈번히

VOCABULARY

Page: p.16~33

G
galaxy [gǽləksi]	은하계
garbage [gáːrbidʒ]	쓰레기, 음식 쓰레기
genius [dʒíːnjəs]	천재
gross [grous]	끔찍한, 역겨운
guess [ges]	짐작하다, 추측하다

H-I
have it in for someone	~에게 악감정이 있다
horrible [hɔ́(ː)rəbl]	끔찍한, 형편없는
incredible [inkrédəbl]	믿을 수 없을 정도로 좋은
influential [ìnfluénʃəl]	영향력이 있는
intelligent [intélidʒənt]	머리가 좋은, 영리한
interrupting [ìntərʌ́ptiŋ]	끼어들어서 하던 말이나 하던 일을 방해하는 것
investment [invéstmənt]	투자

L-Q
lately [léitli]	최근에
long-term relationship	장기적인 관계
look forward to [fɔ́ːrwərd]	~를 고대하다
make it up to someone	~에게 잘못한 것을 만회하다
Manchester [mǽntʃèstər]	영국의 유명한 축구팀
nonsense [nάnsèns]	말도 안 되는 소리, 터무니 없는 소리
nothing special	특별할 게 없음
occasionally [əkéiʒənəli]	가끔, 어쩌다
period [píː(ː)əriəd]	기간
proofread [prúːfriːd]	교정을 보다
quite [kwait]	꽤

R
recognize [rékəgnàiz]	알아보다, 인식하다
regards [rigάːrdz]	안부, (편지의 마지막에 자신의 이름과 함께 써서) 안부를 전하며
release [rilíːs]	(영화 등을) 개봉하다

S-V
show up for practice [prǽktis]	연습 때 나타나다
terrible [térəbl]	형편없는, 끔찍한
terrific [tərífik]	굉장한, 멋진
throw [θrou]	던지다
universe [júːnəvèːrs]	우주
visa [víːzə]	입국사증. 어떤 나라에 들어오거나 나가도 좋다고 승인하는 문서로 대개 여권에 찍어준다.

A few
약간, 조금

- Are there any rolls of toilet paper left? 화장실 휴지 남아 있어요?
- **A few.** 조금요.

- Have you had a lot to drink tonight? 오늘밤 술 많이 마셨어?
- **Just a few.** *[hiccup]* 조금밖에 안 마셨어. [딸꾹]

- Waiter, how long do we have to wait for our food?
  웨이터, 우리 음식 얼마나 기다려야 하죠?
- **Just a few more** minutes, sir.
  몇 분만 더 기다리시면 됩니다, 손님.

 알아두세요!

a few는 **toilet paper rolls**(화장실 두루마리 휴지), **drinks**(음주), **minutes**(분) 등과 같이 셀 수 있는 명사에 사용됩니다. **love**(사랑), **time**(시간) 등과 같이 셀 수 없는 명사에는 **a lot**(많이)이나 **a little**(약간, 조금)을 사용하죠.

- How much time do we have before the train leaves?
  기차 출발까지 우리한테 시간이 얼마나 있죠?
- A few. (X) / **A little.** (O) 약간요.

- How much do you love me? 나 얼마나 사랑해?
- Many! (X) / **A lot!** (O) 많~이!

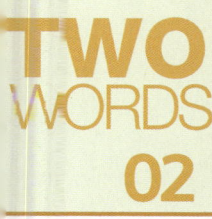

After you
먼저 하시죠

- Let's go inside.
  들어갑시다.

- *[opens door]* **After you.**
  [문을 열며] 먼저 가시죠.

- Have the first slice of this delicious cake.
  이 케이크, 첫 조각 먹어봐. 진짜 맛있어.

- No, it's your birthday! **After you**.
  아냐, 네 생일인데! 네가 먼저 먹어.

- Do you think this fence is electric? Try touching it.
  이거 전기 철조망일까? 한 번 만져봐.

- Ha, **after you**! I don't want to kill myself!
  하, 네가 먼저 만져봐! 난 자살하고 싶지 않아!

알아두세요!

여자에게 먼저 문 안으로 들어가라고 하거나 엘리베이터를 타라고 하며 신사 행세를 하고 싶은 경우에는 **Ladies first.**라는 특정 표현을 사용합니다. 물론 이 표현은 남자가 여자에게 말할 때만 써야겠죠.

- Let's take a taxi instead of the bus.
  버스 말고 택시를 타죠.
- *[opens door]* **Ladies first.**
  [문을 열며] 숙녀분 먼저.
- Thank you. 고마워요.

TWO WORDS 03

All set
준비 완료, 다 됐어

- Are you ready for our camping trip?
  우리 캠핑 여행 준비 다 됐어?
- **All set!**
  다 됐어!

- I have roses, some wine, and a new suit. **I'm all set for** my big date. 장미꽃도 준비했고, 와인도 준비했고, 새 양복도 입었고. 데이트 준비 다 됐어.

- Here you go, sir, the keys to your new motorcycle.
  여기요 손님, 새 오토바이 열쇠들입니다.
- I'm so excited! Can I take it for a spin?
  완전 흥분돼요! 한 번 신나게 달려봐도 되나요?
- Sure, **it's all set to** go.
  그럼요, 달릴 준비 다 됐습니다.

알아두세요!

동사 **set**은 여러 가지 다양하고 추상적인 의미를 갖고 있어요. 사실, 모든 영어 단어 중에서 **set**의 의미가 가장 많죠. 여기서는 어떤 일/것에 대한 '준비가 다 되다'란 의미로, **All/Everything is set.**의 줄임말이 랍니다.

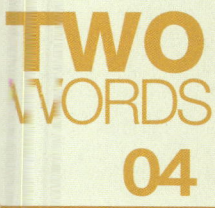

TWO WORDS 04

Allow me
내가 하게 해줘

- I can open the door for myself.
  내가 혼자 문을 열 수 있어.

- No, no, **allow me**!
  아니, 아냐, 내가 할게!

- **Allow me to** introduce myself. My name is Mr. Bond.
  제 소개를 해도 되겠죠. 제 이름은 미스터 본드예요.

- Let me pay for the cab fare.
  내가 택시요금 낼게요.

- Please, **allow me**.
  제발, 내가 내게 해줘요.

- But the fare is very cheap. I don't mind paying.
  하지만 요금이 정말 얼마 안 돼요. 제가 내도 괜찮아요.

- No, no, I insist.
  아니, 아녜요, 제가 꼭 내야겠어요.

 이렇게도 쓰여요!

allow me to + 동사원형 내가 ~할 수 있게 허락해 주다

- My parents won't **allow me to** go to the concert tonight.
  우리 엄마 아빠는 내가 오늘밤 콘서트에 가는 걸 허락해 주시지 않을 거야.

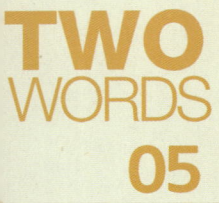

TWO WORDS 05

Anything else?
그밖에 다른 건?

- I'd like you to feed the dogs.
  강아지들한테 사료 좀 줄래.

- **Anything else?**
  또, 다른 건 필요한 거 없어?

- Yes, give them clean water too.
  있어, 깨끗한 물도 좀 줘.

- One steak salad and one spaghetti carbonara. **Anything else**, sir? 스테이크 샐러드 하나랑 까르보나라 스파게티 하나. 다른 건 더 없으세요, 손님?

- No, nothing else.
  네, 없습니다.

- Do we have everything on our grocery list?
  식료품 구입 목록에 있는 거, 전부 담았나?

- I think so. I can't think of **anything else**.
  그런 거 같아. 그밖에 더 생각나는 건 없어.

- OK, if there's nothing else we need, then let's head for the counter. 알았어. 필요한 게 더 없으면 계산대로 가자.

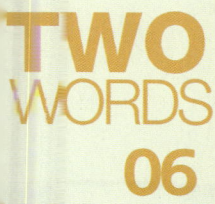

At last

마침내, 드디어

- Here is your food, sir.
  음식 나왔습니다. 손님.

- **At last!** We've been waiting for half an hour!
  드디어! 30분째 기다리고 있었어요.

- **At last!** It's finally Christmas day. I've been waiting all month.
  마침내! 드디어 크리스마스로구나. 한 달 내내 기다렸는데.

- The book I ordered is here, **at last**!
  내가 주문한 책이 드디어 왔구나!

Be, Stay & Keep

〈Be + 형용사〉는 다음과 같이 명령이나 제안을 할 때 다양한 의미로 활용됩니다.

- **Be quiet!** I'm trying to study!
  조용히 해! 나, 공부 좀 하자고!

- One pair of gloves is 50,000 won.
  장갑은 5만원입니다.
- **Be reasonable**, that's too expensive!
  싸게 좀 해줘봐요. 너무 비싸요!

- This assignment is boring. I want to go to a bar.
  이 일, 지겨워. 술 한잔하러 가고 싶다.
- **Be serious!** We have to finish this work by Monday.
  진지하게 좀 굴어! 월요일까진 이 일을 다 마쳐야 한다구.

- **Be nice** to the new boy in school.
  전학 온 남자애한테 잘 대해줘.

- When will I get a promotion?
  나 언제쯤 승진될까?
- Just **be patient**.
  참고 기다려봐.

- You have a yellow card already. **Be cool** or you're going to get sent off.
  넌 이미 옐로우 카드를 받았어. 냉정해져. 안 그러면 퇴장당하게 될 거야.

- I applied for a new job, so I need to **be ready** in case the company calls to ask for an interview.
  새 일에 지원했거든. 그래서 면접 연락이 올 경우에 대비해 준비해둬야 해.

동사 be, keep, stay가 형용사와 결합하면 자리를 뜰 때나, 편지 또는 이메일을 끝맺을 때 할 수 있는 작별 인사 표현을 만들어낼 수 있어요. Be는 상대를 염려하는 상냥한 마음에서 비롯되는 명령이나, 상대의 컨디션에 대한 바람을 강조합니다. 예를 들어, Be happy.(행복해라.)라고 하는 경우처럼 말이죠. stay와 keep은 현재의 긍정적인 상태를 계속 유지하라는 점을 강조하는 표현이에요. 예를 들어, Stay calm.(차분함을 유지해.)이라고 하면 막 화를 내려는 사람에게 그러지 말고 차분한 마음을 계속 유지하라는 의미인 거죠. 이미 길길이 화를 내고 있는 사람에게 화 그만 내고 '진정하라'고 얘기하는 Calm down.과는 상반되죠.

{
- I'm going away to South America tomorrow.
  난 내일 남아메리카로 떠나.
- Ok, **be safe**.
  알았어, 조심하구.
}

{
- Kids, I'm leaving now. **Be good** until I come home again.
  애들아, 나 이제 간다. 집에 올 때까지 착하게 잘 있어.
}

{
- It was good to see you again, Dad. I'll come visit again next month. **Stay healthy!**
  다시 봬서 좋았어요, 아빠. 다음 달에 또 올게요. 건강 잘 챙기세요!
}

{
- Winter is coming, so remember to **keep warm**.
  겨울이 오니까, 꼭 따듯하게 챙기고.
}

{
- You, #&!@? Why did you hit my car?
  당신, #&!@? 왜 내 차를 박았어요?
- **Stay calm.** It was an accident.
  진정하세요. 사고였어요.
}

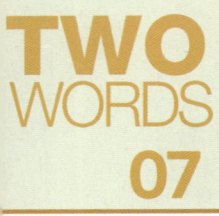

Be careful

조심해, 주의해 / 신중해

- **Be careful!** The road is icy!
  조심해! 길이 얼었어!

- Let's cross the street here.
  여기서 길을 건너자.

- **Be careful!** The cars won't slow down for you.
  조심해! 차들이 널 위해 천천히 달려주진 않을 거야.

- **Be careful not to** make any mistakes in this report. It's going to be reviewed by the manager.
  이 보고서에 아무런 실수가 없도록 주의해 주세요. 부장님이 검토하실 겁니다.

 이렇게도 쓰여요!

- I wish we'd get a new boss.
  팀장이 새로 오면 좋겠어.

- **Be careful what you wish for.** A new boss might be even stricter than the current one.
  신중하게 생각하고 바라. 새로 온 팀장이 지금 팀장보다 훨씬 더 깐깐할지도 몰라.

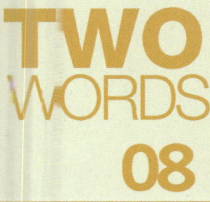

Beats me

나도 몰라

- **Why is there never a taxi when you need one?**
  왜 네가 택시를 탈 필요가 있을 때면 택시가 한 대도 안 보이지?

- **Beats me.**
  낸들 알겠냐.

- **Do you know why they suddenly cancelled the project we were working on?**
  우리가 작업하고 있던 프로젝트가 왜 갑자기 취소됐는지 아세요?

- **Beats me.** I haven't heard any reason for it.
  나도 몰라요. 아무 이유도 못 들었어요.

- **Why would my girlfriend say she doesn't care about our anniversary, but then get upset when I forget it?**
  왜 내 여자친구는 기념일엔 관심 없다고 말하면서, 막상 내가 잊어버리면 화를 내는 거지?

- **Beats the hell out of me!** I don't understand women.
  낸들 알겠냐! 여자들이란 도무지 이해가 안 돼.

(God) Bless you
복 받으실 거예요, 신의 축복이 있길

- I want to donate 1,000 dollars to your charity.
  그쪽 자선단체에 1000달러를 기부하고 싶습니다.

- **Bless you!**
  복 받으실 거예요!

- *[sneezing]* Achoo!
  [재채기를 하며] 에취!

- **Bless you.**
  신의 축복이 있길.

- **God bless you**, you've helped me so much.
  넌 복 받을 거야. 너 때문에 너무 많이 도움이 됐어.

 알아두세요!

이 책에 등장한 표현들 중에는 완전한 문장에서 뭔가가 생략되어 짧아진 형태의 표현들이 많습니다. 조동사 등이 생략되는 경우가 많아서, 의미를 이해하기가 좀 더 어려워지곤 하죠. 이 경우에도, 완전한 문장은 **May God bless you.**랍니다.

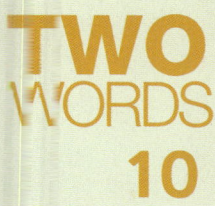

TWO WORDS 10

calm down

진정해

- **I hate my job!** 난 내 일이 정말 싫어!
- **Calm down!** 진정해!

- Just **calm down** and relax. There's no reason to stress out.
  그냥 진정하고 긴장을 풀어. 스트레스 받을 이유 없어.

- I can't **calm down** with all this noise around me.
  주변의 소음 때문에 도무지 진정할 수가 없어.

- We need to talk about our relationship, but you're too upset right now. I'll give you a call after you **calm down**.
  우린, 우리 관계에 대해 대화를 할 필요가 있어. 하지만 지금 당장은 네가 너무 화나 있으니까. 좀 가라앉으면 내가 너한테 전화할게.

 이렇게도 쓰여요!

- ★ Cool it.   냉정해져. 이성을 찾아. 진정해.
- ★ Don't panic.   흥분하지 마. 진정해.
- ★ Take it easy.   진정해.
- ★ Chill (out).   냉정해져.

47

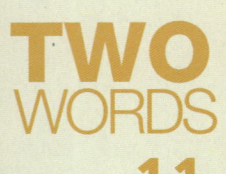

(1) can't wait

빨리 그 날이 왔으면 좋겠어

- I'll come visit you next week.
  다음 주에 너네 집에 놀러 갈게.

- **Can't wait!**
  빨리 그 날이 왔으면!

- I heard you're going to take your wife to Hawaii for your **anniversary.** 결혼기념일에 부인을 하와이에 데려갈 거라며.

- Yeah, **can't wait**!
  응, 얼른 그 날이 왔으면 좋겠어!

- **I can't wait for** the new James Bond movie to come out. The trailer looks amazing.
  새로 나온 제임스 본드 영화가 어서 개봉됐으면 좋겠어. 예고편 보니까 끝내주더라구.

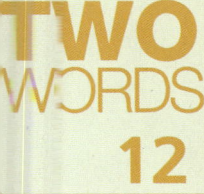

cheer up

기운 내, 힘 내

- It's raining again today!
  오늘도 또 비가 와!

- **Cheer up!** It will get better soon.
  기운 내! 곧 개일 거야.

- I'm nervous because I have to go to the hospital.
  병원 갈 거 생각하니까 긴장돼.

- **Cheer up**, it's just a check-up.
  기운 내, 그냥 건강검진일 뿐이야.

- Thanks for taking the time **to cheer me up**.
  날 북돋아 주려고 시간 내줘서 고마워.

- That's what friends are for.
  친구 좋다는 게 뭐니.

TWO WORDS 13

come here
이리 와

- **Come here!**
  이리 좀 와봐!

- I can't right now, I'm busy.
  지금은 못 가, 바빠.

- Show me a photo of your new girlfriend.
  새 여자친구 사진 좀 보여줘.

- **Come over here** for a second. You can see a picture on my **computer.** 잠깐 이리 와봐. 내 컴퓨터에 있는 사진 보면 돼.

- @#$%!
  @#$%!

- **Come here**, you naughty boy! You deserve to be punished for using bad language like that.
  이리 와봐, 이 못된 녀석! 그렇게 욕지거리를 해대다니 벌 좀 받아야겠다.

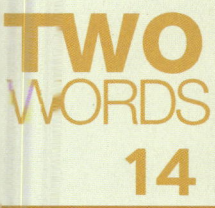

TWO WORDS 14

come on

웬일이니, 왜 이래 이거, 작작 좀 해 / 어서, 빨리

- Oh no, I think we're out of gas.
  아 이런, 차에 기름이 다 된 거 같아.

- **Come on!**
  웬일이니!

- I wanted to keep in touch with you, but I lost your phone number. 너랑 계속 연락하고 지내고 싶었지만, 전화번호를 잃어버렸어.

- **Come on!** That's such a bad excuse.
  작작 좀 해라! 변명이 너무 궁색하잖아.

- Hey, this letter from the IRS says you owe them some taxes.
  이봐, 국세청에서 온 이 편지에 네가 몇 가지 세금을 내야 한다고 적혀 있어.

- **Come on!** My accountant is supposed to handle that.
  왜 이래 이거! 내 회계사가 그 문제를 처리하기로 돼 있는데.

 이렇게도 쓰여요!

- **Come on**, let's go! The train is about to leave.
  빨랑 가자! 기차가 출발하려고 하잖아.

 알아두세요!

Come on은 믿기지 않거나 짜증나는 심경을 표현할 때 일반적으로 사용하는 감탄사랍니다. 마뜩잖은 짓을 하는 사람에게 '그만 좀 해라, 작작 좀 허라'고 사정할 때나, 〈이렇게도 쓰여요!〉에서 보는 바와 같이 상대에게 '서두르라'고 할 때 제일 많이 쓰인답니다.

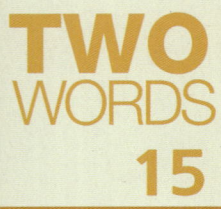

Don't bother

번거롭게 그럴 필요 없어

- Let me walk you to the subway station. 지하철역까지 바래다줄게.
- **Don't bother.** I can go by myself. 괜히 그럴 필요 없어. 혼자서 갈 수 있어.

- Should I reserve tickets for the musical? 뮤지컬 티켓을 예매해야 할까?
- **Don't bother**, there are always some seats available.
  번거롭게 그럴 필요 없어. 좌석 몇 개는 항상 남아 있어.

- I want to convince my son to get married soon.
  아들을 설득시켜서 빨리 결혼하게 하고 싶은데.
- **Don't bother** trying. He's too stubborn to listen to advice.
  괜히 그러려고 하지 마. 그 애는 고집이 너무 세서 충고를 듣지 않아.

❶ 동사 bother는 의미가 여러 가지로 분화되어 쓰이기 때문에 어렵게 느껴지는 표현입니다. 아래 예제에서처럼 괴롭히거나 귀찮게 굴어서 '짜증나게' 하거나 '방해한다'는 의미로 쓰일 수 있죠.

- These damn phone salesmen always **bother** me with their calls.
  빌어먹을 이 전화기 판매원들은 늘 전화를 걸어서 사람을 귀찮게 한단 말야.

❷ 또, 괜한 시간을 들이거나 신경을 써서 '번거롭게 하고 폐를 끼친다'는 의미로도 흔히 쓰이는데요. **Don't bother.**로 쓰이는 경우, 일반적으로 이런 의미가 됩니다.

- I hope my request won't **bother** you much. 제 요청 때문에 당신이 너무 번거로워지지 않길 바랍니다.

❸ 끝으로, bother는 명사로도 쓰일 수 있답니다.

- My boss' unreasonable demands are such a **bother**. 우리 사장의 불합리한 요구는 정말 성가셔.

Don't cry/move/run/shout

울지 마 / 움직이지 마 / 달리지 마 / 소리 치지 마

- I feel very sad today. 오늘 너무 슬퍼.
- **Don't cry!** I'll buy you dinner to cheer you up.
  울지 매! 네가 기운 낼 수 있게 내가 저녁 사줄게.

- **Don't move!** There's a wasp on your shirt.
  움직이지 매! 네 셔츠에 말벌 앉았어.

- Kids, **don't run** in the hallway.
  얘들아, 복도에서 뛰지 마라.

 이렇게도 쓰여요!

- **Please don't shout** in the library. People are trying to concentrate.
  도서관에서 소리 치지 마세요.
  사람들이 집중하려고 애쓰고 있잖아요.

 알아두세요!

〈Don't + 동사원형〉 구문은 대부분 〈No + -ing〉로 바꿔 쓸 수 있답니다. 〈Don't + 동사원형〉이 의견을 내거나 조언을 할 때 좀더 흔히 쓰이는 표현이라면, 〈No + -ing〉는 어떤 일을 하지 말라고 금지할 때 쓰입니다. 그래서 수영장이나 박물관, 도서관 등에서 이런 식의 표현을 쉽게 접할 수 있는 것이죠.

- **No touch**ing. 만지지 마세요. (접촉 금지)
- **No runn**ing. 뛰지 마세요. (달리기 금지)
- **No shout**ing. 큰소리를 내지 마세요. (큰소리 금지)
- **No eat**ing. 음식물을 먹지 마세요. (음식물 섭취 금지)

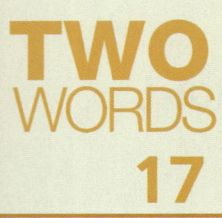

Don't worry / No worries
걱정 마

- I'm nervous about the test tomorrow.
  내일 시험 때문에 불안해.

- **Don't worry!**
  걱정 마!

- Did you injure your arm?
  팔 다쳤니?

- **Don't worry about me.** It doesn't hurt.
  내 걱정일랑 마. 아프지 않아.

- **Don't worry about a thing.** I'll take care of it.
  아무 걱정 마. 그건 내가 처리할 테니까.

이렇게도 쓰여요!

- Are you sure you can handle the kids while I'm away?
  내가 없는 동안 정말 애들을 잘 돌볼 수 있겠니?

- **No worries.** I've been babysitting for years.
  걱정 마세요. 몇 년째 베이비시터를 하고 있으니까요.

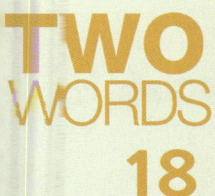

Excuse me

실례합니다 / 뭐라고요?! / 다시 한 번 말씀해 주세요

- **Excuse me...** Where is the nearest subway station?
  실례합니다… 제일 가까운 지하철역이 어디죠?

- **Excuse me...** I'm getting off at the next stop.
  실례합니다… 다음 정거장에서 좀 내릴게요.

- Oh, sorry, go right ahead. *[moves out of the way]*
  아, 죄송해요, 이리 오세요. [길을 비켜준다]

- Man, your ex-girlfriend was such a flirt.
  이봐, 네 옛날 여친은 완전 바람둥이였어.

- **Excuse me?!** 뭐라고?!

- Come on, don't act so surprised. We all know it's true.
  이거 왜 이래, 그렇게 놀라는 척하지 말라구. 우리 모두 알고 있는 사실이잖아.

 이렇게도 쓰여요!

- And then, just as I was about to... *[phone rings]*
  그리고 나서 말야, 내가 막 하려고 하던 찰나였는데… [전화벨이 울린다]

- **Excuse me**, I have to take this phone call. It's important. *[gets up to leave]*
  미안, 전화 좀 받아야겠네. 중요한 거라서. [일어나서 자리를 뜬다]

 알아두세요!

Excuse me는 새로운 화제를 꺼내거나 대화 사이에 정중하게 끼어들고자 할 때 쓰이는 표현입니다. 예를 들어, 첫 번째 대화에서처럼 다른 사람의 주의를 끌고자 할 때나, 두 번째 대화에서처럼 지나가게 길 좀 비켜달라고 요청할 때, 또 세 번째 대화에서처럼 상대의 말 중간에 끼어들어가 상대의 말에 동감하지 않을 때 쓰게 되죠. 또한, 상대에게 한 번만 다시 말해달라고 부탁할 때도 쓸 수 있답니다. 같은 상황에서 쓸 수 있는 표현으로, **Pardon me. / I beg your pardon.**이 있는데요. 이것들은 **Excuse me**보다 살짝 격식을 차린 표현으로, 이따금 **Pardon.**이라고 간단하게 말하기도 하죠.

- The connection is really bad on this phone.
  이 전화기, 연결 상태가 정말 안 좋은데.
- **Pardon?** I couldn't hear what you were saying. 뭐라고? 네가 무슨 말 했는지 못 들었어.

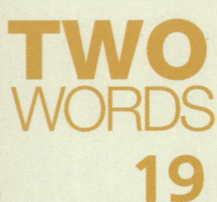

Forget it / Forget (all) about it

말도 안 돼 / 괜찮아, 별말씀을 / 신경 꺼

- Can I borrow 100,000 won from you?
  10만원 좀 빌릴 수 있을까?

- **Forget it!**
  말도 안 되는 소리 마!

- Thank you so much for looking after my dogs.
  우리 강아지들 봐줘서 정말 고마워.

- **Forget about it.** It was no big deal.
  별말씀을. 힘든 일도 아녔는데 뭘.

- Why did you phone me today and hang up?
  나한테 전화 걸어놓고 왜 끊었어?

- **Just forget it.** I dialed the wrong number.
  신경 쓰지 마. 전화번호를 잘못 눌렀어.

이렇게도 쓰여요!

- Did you remember to order the cake for Helen's birthday?
  헬렌의 생일 케이크 주문하는 거 안 까먹었지?
- Oh no, **I forgot all about it!** 아 이런. 완전 까먹었어!

- If you think I'm going to let you spend the weekend at your boyfriend's house, **you can forget all about it!**
  네 남자친구 집에서 주말을 보내도 된다고 내가 허락해줄 거라고 생각한다면 완전 오산이야!

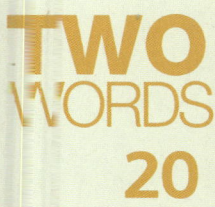

Get real
정신 차려

- Wanna go bungee-jumping with me?
  나랑 번지 점프하러 갈래?

- Ha, **get real!**
  하, 정신 차려!

* Wanna는 Want to의 구어체 표현

- I hope to become a millionaire by age 30.
  서른 살 즈음이면 백만장자가 되어 있음 좋겠어.

- **Get real**, that will never happen.
  정신 차려, 그런 일은 절대 없어.

- You want to ask out Hyeji? **Get real** and face the truth! She's out of your league.
  네가 혜지한테 데이트 신청하고 싶다고? 정신 차리고 현실을 직시해! 그녀는 너와 격이 달라.

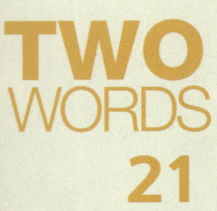

Go ahead

(맘껏, 어서) 그렇게 하세요

- May I take one of these toothpicks?
  이 이쑤시개 하나 써도 될까요?

- **Go ahead!**
  그럼요, 어서 쓰세요!

- Is this present for me?
  이 선물 내 거야?

- Yes. **Go ahead** and open it.
  응. 어서 열어봐.

- Why don't you **go ahead** to the restaurant? I'll meet you there.
  네가 그 식당으로 먼저 가는 게 어때? 우리 거기서 보자.

 이렇게도 쓰여요!

- Please make yourself at home. If there's anything you want, **go right ahead** and ask.
  내 집이다 생각하고 편히 머무세요. 원하는 게 있으시면 맘껏 요청하세요.

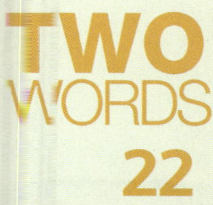

Go on

계속해 / 어서 해봐

- Would you like me to continue with the story? 이야기를 계속해줄까요?
- Yes, **go on**! 네, 계속하세요!

- **Go on**, talk to her! 어서, 저 여자애한테 말 걸어봐!
- I can't, I'm too shy. 못하겠어. 너무 부끄러워.

- After winning their last match, the team will **go on** to the finals of the tournament.
  마지막 경기에서 이기면, 그 팀은 이 대회의 결승전까지 계속 가게 될 거야.

 이렇게도 쓰여요!

- Whenever we meet, Carey always **goes on and on** about her children. It's so boring to listen to.
  캐리는 만날 때마다 늘 자기 아이들에 대한 얘기를 쉬지 않고 계속 늘어놔. 듣기가 너무 지겨워.

 알아두세요!

go 대신 다른 동사를 써서 다음과 같이 다른 표현으로 활용할 수 있어요.

- Now that I'm in university, I don't care about my high school exam. I've **moved on**.
  이제 대학에 다니니까, 고등학교 시험엔 관심 없어. 난 한 단계 성장했다구.

- You think you can beat me at ping-pong? **Dream on**. 탁구에서 날 이길 수 있다고 생각해? 꿈도 야무지군.

- Hello, Mr. Jackson. 안녕하세요, 잭슨 씨.
- Don't mind me. Just **carry on** with your work.
  나한테 신경 끄고, 당신 일이나 계속 하세요.

Please 활용하기

명령을 하거나 요구를 할 때 명령형을 사용하죠. 명령형은 보통 주어 없이 동사원형으로 말을 시작합니다. Go on(계속해), Come here(이리 와), Don't bother(번거롭게 그러지 마), Take care(몸 조심해), Let me see(어디 보자) 등과 같이 말이죠. 하지만, 이렇게 명령조로 얘기를 하다 보면 아무래도 퉁명스럽고 강압적으로 느껴질 수 있죠. 그래서 공손하고 정중하게 말하고 싶다면, 명령형에 **please**를 붙여보세요. 아주 훌륭한 영어가 됩니다.

- Go on. ▶ **Please** go on.
  계속하세요.
- Come here. ▶ **Please** come here.
  이리 와주세요.
- Don't bother. ▶ **Please** don't bother.
  번거롭게 그러지 마세요.
- Take care. ▶ **Please** take care.
  몸 조심하세요.
- Let me see. ▶ **Please** let me see.
  어디 한 번 볼까요?

please는 문장 맨 앞에 쓰여 강조의 역할을 하기도 해요. 이때는 **please**를 강조해서 말하며, **please** 다음에는 살짝 끊어읽기를 하죠. 예를 들어, **please**를 강조해 Please, go on.이라고 말하면 '제발, 계속해 주세요.'라며 중요한 요청을 강조해서 말하는 것이 됩니다.

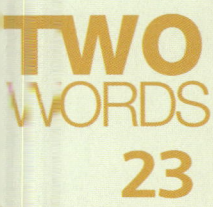

Good job
잘했어

- I've finished all my work for today.
  오늘 할 일을 모두 끝냈어요.

- **Good job!**
  잘했어요!

- You did a really **good job** on this report.
  이 보고서 정말 잘 썼네요.

- Today my boss gave me a thumbs up and told me I had done a **good job**. I was so proud.
  오늘 사장님이 결제해 주시면서 나한테 아주 잘했다고 칭찬해 주셨어. 어찌나 뿌듯하던지.

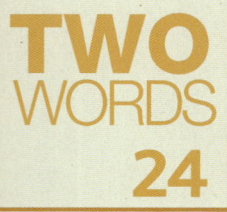

Good luck

행운을 빌어

- I'm participating in a chess competition next month.
  다음 달에 체스 대회에 참가할 거야.

- **Good luck!**
  행운을 빌어!

- **Good luck on** your job interview!
  취업 면접 잘되길 바래!

- I hear you're meeting a client in Germany next week.
  다음 주에 독일에 있는 고객과 미팅을 할 거라며.

- Yeah, we hope to sign a big deal for the company.
  응, 회사를 위해서 큰 건을 하나 체결했음 싶어.

- Well, **good luck with that**. I hope everything works out well.
  음, 행운을 빌어. 다 잘 풀리길 바라.

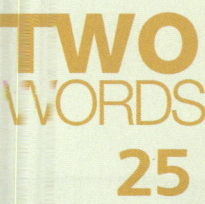

(That's a) Good point
좋은 지적이야, 일리 있는 말이야

- I think we should cancel our trip to the park. It looks like it's going to rain.
  우리, 공원 가는 거 취소해야 할 것 같아. 비가 올 것 같아.

- **Good point.**
  일리 있는 말이야.

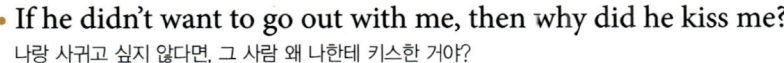

- If he didn't want to go out with me, then why did he kiss me?
  나랑 사귀고 싶지 않다면, 그 사람 왜 나한테 키스한 거야?

- **Good point.** I guess he wasn't an honest guy.
  좋은 지적이야. 그 남자는 정직한 사람이 아닌 것 같아.

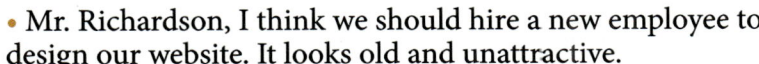

- Mr. Richardson, I think we should hire a new employee to design our website. It looks old and unattractive.
  리처드슨, 우리 웹사이트를 디자인해줄 직원을 새로 채용해야 할 것 같아요. 웹사이트가 오래돼서 별로 끌리지가 않아요.

- **That's a good point.** I'll think about it.
  일리 있는 말이에요. 한번 생각해보죠.

How + 형용사

감탄문은 흔히 how와 형용사를 이용해서 만듭니다. 이런 류의 말을 만들 때는 될 수 있으면 짧게 짧게 표현하는 것이 최고죠. 다음에 제시된 문장들처럼 말예요. 왜냐하면 이런 표현들은 탄성을 자아낼 때 나오는 말이라서 자연스러워 보여야 하니까요.

- **How annoying!**
아이, 짜증나! 참 짜증나는구만!

  { • There's a fly buzzing around in here. **How annoying!**
  파리가 윙윙거리면서 돌아다녀. 아이, 짜증나!

- **How boring!**
아이, 지겨워! 참 지겹구만!

  { • We've been watching this movie for three hours. **How boring!**
  우리 지금 세 시간째 이 영화 보고 있어. 아이, 지겨워!

- **How embarrassing!**
아휴, 창피해라!

  { • That girl's underwear is showing and she doesn't know it.
  저 여자 속옷 보이는데 모르고 있나봐.
  • **How embarrassing!**
  아휴, 창피해라!

- **How interesting!**
오, 흥미로운데! 거 참 재미있구만!

  {
  - Did you know that a cucumber is made of over 90% water?
  오이는 90%가 물로 구성되어 있다는 거, 알고 있었어?
  - **How interesting!**
  오, 흥미로운데!

- **How romantic!**
와, 낭만적이다!

  {
  - My wife always holds my hand when we walk down the street.
  아내는 같이 길을 걸을 때면 항상 내 손을 잡아.
  - **How romantic!**
  와, 낭만적이다!

- **How sweet!**
어머, 사랑스럽기도/귀엽기도/기특하기도 해라!

  {
  - I wrote you this letter to tell you how much I like you.
  내가 얼마나 널 좋아하는지 말하려고 이 편지를 썼어.
  - **How sweet!**
  어머, 사랑스럽기도 해라!

- **How thoughtful!**
어머, 사려 깊기도 해라!

  {
  - I bought you a big blanket, since I heard your apartment had no heating.
  너한테 주려고 담요 큰 거 하나 샀어. 아파트에 난방에 안 된다며.
  - **How thoughtful!**
  어머, 사려 깊기도 해라!

- **How ridiculous!**
말도 안 되는 소리같으니라구!

{
- My mother told me I wasn't allowed to date a foreign woman.
우리 엄마는 내가 외국 여자와 사귀는 걸 허락하지 않으셔.
- **How ridiculous!** That's so old-fashioned.
말도 안 되는 소리! 완전 구식 사고방식이네.
}

- **How tacky!**
완전 싸구려 취향이구만!

{
- Wow, a leopard-print bikini… **how tacky…**
이야, 표범 무늬 비키니라니… 완전 싸구려 취향이구만!
}

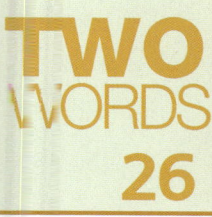

Guess what?

알아맞혀봐!

- **Guess what?**
  알아맞혀봐.

- **What?**
  뭔데?

- **I got an A on my biology exam!**
  나, 생물 시험에서 A 받았어!

- **Guess what** I just heard!
  내가 막 무슨 얘기 들었게?

- **What?**
  무슨 얘기?

- **"Ben and Jerry's"** is giving away free ice cream today!
  '벤 & 제리네'에서 오늘 아이스크림을 공짜로 준대!

- **You'll never guess what** John gave his girlfriend for White Day.
  존이 화이트데이에 자기 여자친구한테 뭘 해줬는지 넌 절대 알 수 없을 걸.

알아두세요!

Guess what?은 화제를 꺼내기에 앞서 말문을 열 때 유용하게 쓰이는 표현이에요. 내가 어떤 얘기를 꺼내려고 하는지 상대방이 진짜 알아맞혀보기를 바라서 하는 말은 아니지만, 듣는 사람은 앞으로 어떤 이야기를 듣게 될지 기대감을 갖고 나의 말에 귀를 기울이게 되는 거죠.

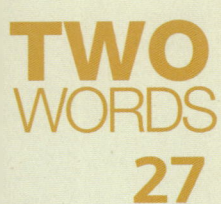

Hands off

손 대지 마 / 간섭하지 마

- Can I eat this cake?
  이 케이크 먹어도 돼?
- **Hands off!**
  안 돼, 손 대지 마!

- **Keep your hands off** that woman, that's my wife!
  그 여자한테서 손 떼. 내 아내야!

- Our boss takes a **hands-off** approach to business.
  우리 사장의 사업 방식은 일일이 간섭하지 않고 직원들이 알아서 일하게 내버려두자는 주의야.

알아두세요!

hands-on은 실제로 현장에서 자신이 직접 일을 해낸다는 의미의 **practical**과 같은 말이에요. **a hands-off approach**(일에 관여하지 않고 다른 사람들이 알아서 일하게 내버려두는 방식)와 **a hands-on leadership style**(자신이 직접 일일이 일에 손을 대며 팀을 이끄는 스타일)을 비교해 보면 이 의미가 잘 드러나죠.

- This internship will give you **hands-on** experience working in a law firm.
  넌 이 인턴쉽을 통해 법률회사에서 일하면서 현장경험을 하게 될 거야.

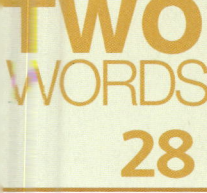

Happy Anniversary

결혼/창사/창립 기념일 축하해

- I've been married to my wife for 15 years today.
  오늘은 아내와 결혼한 지 15년째 되는 날이야.

- **Happy Anniversary!**
  결혼기념일 축하해!

- **Happy Anniversary**, darling! I can't believe it's been 50 years.
  결혼기념일 축하해, 여보! 결혼한 지 50년이 됐다니 믿기지가 않네.

- We started this company 25 years ago and it's still going strong. **Happy Anniversary**, everybody!
  우리는 25년 전에 이 회사를 시작해, 여전히 탄탄하게 이끌어가고 있습니다. 창사기념일을 축하합니다, 여러분!

알아두세요!

anniversary는 연중 맞이하게 되는 어떤 기념일이든 모두 사용할 수 있는 말이에요. 특히, 생일, 결혼, 창사 또는 창립 기념일, 역사적인 사건이나 죽음을 기념할 때 흔히 쓰이죠.

- To commemorate the 100th **anniversary** of Mahler's death, our record company is releasing a new recording of his symphonies.
  말러 서거 100주년을 기념하기 위해 저희 레코드사에서는 그의 교향곡 음반을 새로 발매할 예정입니다.

- 2013 marks the 150th **anniversary** of the Battle of Gettysburg, an important event in the American Civil War.
  2013년은 미국 남북전쟁에서 중요한 사건인 게티즈버그 전투 150주년이 되는 해야.

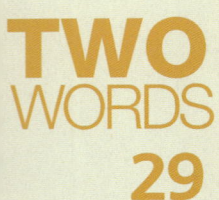

Heads up

조심해 / 미리 알립니다 / 주목하세요

- **Heads up**, the teacher is coming!
  조심해, 선생님 오셔!

- **Just a quick heads up**, we'll be having a meeting next Monday to discuss our budget.
  사전에 간단히 알려드립니다. 다음 주 월요일에 예산안에 대해 논의하기 위해 회의가 있을 예정입니다.

- **Heads up!** The CEO is coming down to the office this morning, so everyone, look alive.
  주목! 오늘 아침에 CEO가 우리 사무실에 올 예정입니다. 그러니 모두들 정신 바짝 차리세요.

알아두세요!

Heads up은 '조심해, 주의해'(첫 번째 예문)라는 의미에서부터 '주목해 주세요'(세 번째 예문), '사전에 미리 공지해 드립니다'(두 번째 예문)라는 의미에 이르기까지, 다른 사람에게 주의를 줄 때 광범위하게 활용되는 표현입니다. 얼핏 소리가 비슷하게 들리는 **Keep your chin up** 또는 **Chin up**과 혼동해서는 안 돼요. 이 표현은 어려운 시기에 처한 사람을 격려할 때 사용되는 표현이랍니다.

- **Chins up**, team! We haven't lost this game yet.
  기운 내, 우리 팀! 아직 이 경기에 진 게 아냐.

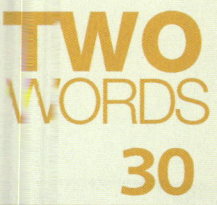

Hold it

기다리다, 멈추다 / 그대로 들고 있다, 그 상태를 유지하다

❶ 기다리다, 멈추다 wait / stop / stand still

- **Hold it!** 멈추세요!

- **What?** 뭐라고요?

- **You can't enter that room, it's private.**
  그 방에는 들어가실 수 없습니다. 개인 공간이거든요.

❷ 그대로 들고 있다, 그 상태를 유지하다 hold it

- **Here's my address book. Hold it while I look for a pen.**
  여기 내 주소록이에요. 펜을 찾을 동안 좀 들고 있어줘요.

- **I have to go to the bathroom. Could you hold my place in line?** 화장실 좀 가야겠어. 내 자리 좀 맡아줄래?

- **Sure, I'll hold it for you.**
  그럼, 내가 잘 맡아줄게.

- **That's a great pose. Hold it while I get my camera ready!**
  자세 아주 좋아. 사진기 준비될 동안 그대로 가~만 있어!

How + 부사

〈How + 부사〉 구문은 거리, 길이, 시간, 비용, 양 등을 물어볼 때 쓸 수 있어요.

- **How far? (distance)**
  얼마나 멀어? (거리)

  - **How far** is Chungmuro station from here?
    여기서 충무로 역까지 얼마나 멀어요?
  - Not very far, around 200 meters.
    그다지 멀지 않아요, 200미터 정도.

  - **How far** can you throw this baseball?
    이 야구공을 얼마나 멀리 던질 수 있어?

- **How long? (time or length)**
  얼마나 오래? 얼마나 길어? (시간 또는 길이)

  - **How long** have you been waiting here?
    여기서 얼마나 오래 기다리고 있었던 거야?
  - **How long** does it take for this flower to bloom?
    이 꽃이 피는 데 시간이 얼마나 걸려?
  - **How long** is the Great Wall of China?
    만리장성은 얼마나 길어요?

- **How much? (amount or cost)**
  양을 얼마나 많이? 가격이 얼마예요? (양 또는 가격)

  - **How much** does this hat cost?
    이 모자 가격이 얼마예요?

{
- **How much** can we fit in this box?
  이 상자에 양이 얼마나 들어갈까요?
}
{
- I want to buy some sugar. 설탕을 사고 싶은데요.
- **How much?** 얼마만큼요?
- 1 kilogram. **How much** will that cost? 1킬로요. 가격이 얼마예요?
}

- How many? (amount of individual items)

얼마나 많이? (수를 물을 때)

{
- Could you pass me a napkin?
  냅킨 좀 건네줄래?
- **How many?**
  몇 장이나?
- Just one or two is enough.
  한두 장이면 충분해.
- **How many** times do I have to tell you not to leave your toys at the dinner table?
  식탁에 장난감 두지 말라고 몇 번을 말해야 하니?
}

다음의 부사들 앞에 부정어 **not**을 붙이면, 의미가 반대로 바뀝니다. 예를 들어, 어떤 일을 '자주, 많이' 한다는 의미의 **often** 앞에 **not**을 붙이면 '거의 안 한다'는 의미의 **rarely**와 같은 의미가 되죠.

- Not much

그다지, 별로

{
- Is it raining outside?
  밖에 비 오니?
- **Not much.** Just a light shower.
  별로. 그냥 조금 와.
- Business is pretty slow, so there's **not much** going on at work these days.
  경기가 아주 안 좋아서 요즘에는 직장에서 되는 일이 별로 없어.
}

- **Not often (describes frequency)**

  (빈도수가) 별로/거의 안 해, 흔치 않아

  {
  - How often do you go to the dentist?
    치과에는 얼마나 자주 가?
  - **Not often.** I'm terrified of going to the dentist.
    거의 안 가. 치과에 가는 건 너무 무서워.
  }

  {
  - Hey, it's snowing outside!
    야, 밖에 눈 온다!
  - Wow, it's **not often** you see snow in April.
    우와, 4월에 눈을 보기란 그리 흔한 일이 아닌데 말야.
  }

- **Not yet (describes time)**

  (시간적으로) 아직 안 됐어

  {
  - Can I come in?
    들어가도 돼?
  - **Not yet!** I'm not dressed!
    아직 안 돼! 나 옷 안 입었어!
  }

  {
  - This film has **not yet** been rated.
    이 영화는 아직까지 등급이 매겨지지 않았어요.
  }

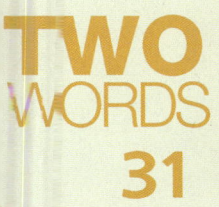

Hold on

(기다리거나 멈추라며) 잠깐만 / 물건을 안전하게 맡아두다 / 꼭 붙들다

❶ (기다리거나 멈추라며) 잠깐만 wait / stop

- Let's go, the light is green. 가자. 파란 불이야.
- **Hold on**, I need to tie my shoelaces. 잠깐만, 신발 끈 좀 매고.

- Cindy told me I was the most handsome man at the office.
  신디가 사무실에서 내가 제일 잘생겼다고 하더라.
- **Hold on…** she said the same thing to me!
  잠깐만… 나한테도 같은 말을 했어!

❷ 물건을 안전하게 맡아두다 keep something for safekeeping

- **Hold on to** this bag, and give it back to me later.
  이 가방 좀 맡아뒀다가 나중에 돌려주라.

❸ 꼭 붙들다 hold on to something

- **Hold on to** the handle in case the car suddenly brakes.
  갑자기 브레이크를 밟게 되는 경우를 대비해 손잡이를 꼭 붙잡아.

알아두세요!

'멈추라'는 의도로 말을 할 때 **Hold it**이라고 하면 보다 극적인 어감이 된답니다. 그래서 비상 상황에서 소리치다시피 하면서 쓰게 되는 말이죠. **Hold on**은 어떤 일을 좀 천천히 하거나 재고해보려고 하는 상황에 초점이 맞춰진 표현이고요.

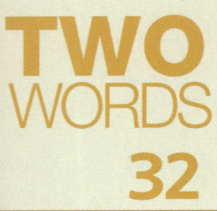

How come?
어째서? 왜?

- I won't be able to meet you this weekend. 이번 주엔 널 만날 수 없을 거야.
- **How come?** 어째서?
- I have to work overtime. 추가근무를 해야 하거든.

- Were you late for work this morning? 오늘 아침에 늦게 출근했죠?
- Yeah. 네.
- **How come?** 왜요?
- There was a lot of traffic on the freeway. 고속도로에 차가 많이 막히더라고요.

- **How come** you never phone me these days?
  요즘 어째서 나한테 통 전화를 하지 않니?
- Sorry, I've been busy with work. 미안, 일이 바빴어.

알아두세요!

How come?은 Why?와 같은 의미예요. 단, 뒤따르는 문장이 의문문 형태가 아니라 평서문 형태라는 점에 차이가 있죠. 일반적으로 의문문은 동사를 먼저 쓰게 되죠. 하지만 How come의 경우, 의문문이긴 하지만 평서문에서처럼 주어로 시작하는 문장이 뒤따르게 됩니다.

- Why <u>is</u> the bus late? 버스가 왜 늦죠?
  의문문 구조

- How come <u>the bus</u> is late? 버스가 어째서 늦죠?
  평서문 구조

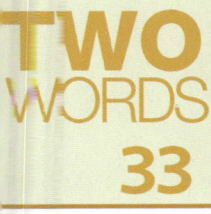

How's business / life / everything?

사업은 어때? / 사는 건 좀 어때? / 만사형통하니?

- **How's business?**
  사업은 어때?

- **Terrible, this recession is killing me.**
  끔찍해. 이번 경기침체 때문에 죽겠어.

- **How's everything?**
  일은 다 잘 돼가?

- **Things are great! Never been better.**
  아주 좋아! 이보다 더 좋을 순 없지.

- **How's life?**
  사는 건 좀 어때?

- **Not bad. I'm doing pretty well these days. And you?**
  나쁘진 않아. 요즘 꽤 잘살고 있어. 넌?

알아두세요!

다음과 같이 How is 뒤에는 다양한 명사가 올 수 있어요. 이때 물어보는 대상이 단수(neighborhood)이면 How is를, 복수(the kids)이면 How are를 써야 한다는 점에 주의하세요.

- **How's** the wife? 안사람은 좀 어때?
- **How are** the kids? 아이들은 잘 있니?
- **How's** your health? 건강은 좀 어때?
- **How's** the old neighborhood? 옛날에 살던 동네는 어때?
- **How's** your golf handicap these days? 요즘 네 골프 핸디캡은 몇 이야?

I agree / disagree

맞는 말이야, 동의해 / 동의 못 해

- Young people should be more respectful to their elders.
  젊은 사람들은 어르신들을 좀더 공경해야 해.

- **I agree.**
  맞는 말이야.

- I'm tired of going on blind dates. There are no good men left in the world.
  소개팅하는 데 질렸어. 세상에 괜찮은 남자는 남아 있지 않아.

- **I disagree.** There are plenty of nice guys left.
  난 동의 못 해. 괜찮은 남자는 세상에 널렸다구.

- The government should do more to help the city's homeless.
  정부는 이 도시의 노숙자들을 돕기 위해 좀더 힘써야 해.

- **I agree with** your opinion, but there's no simple solution to that problem.
  네 의견에 동의해. 하지만 그 문제를 간단히 해결할 수 있는 해결책이 없잖아.

- I hate Janet. She talks too much and **I disagree with** everything she says!
  난 재닛이 싫어. 그 여자는 말이 너무 많아. 난 그 여자가 하는 말을 전부 동의할 수가 없어!

- **I agree**, but since we work with her, we have to get along.
  맞는 말이야. 하지만 함께 일하니까, 사이 좋게 지내야지 뭐.

THOMAS & ANDERS': Easy, Everyday English

I promise

약속해

- I will definitely remember your birthday this year.
  올해는 네 생일을 꼭 기억할게.

- You promise? 약속해?

- **I promise!** 약속해!

- Do I have your word that you will come to my party?
  내 파티에 와줄 거라고 약속해?

- Of course. **I promise!**
  물론이지. 약속해!

- **I promise not to** eat any more cakes until I've lost ten kilograms.
  10킬로그램을 뺄 때까진 더 이상 케이크를 먹지 않겠다고 나는 약속해.

 알아두세요!

약속의 진정성을 나타내는 비슷한 표현에는 I swear(맹세해)와 Cross my heart(맹세해)가 있습니다. 또한, 이러한 약속이 진짜인지를 물어보는 표현으로는 Do I have your word?(약속하니?)가 있죠. 이 질문에 대해서는 I give you my word. (약속해) 또는 You have my word.(약속해)로 답할 수 있어요. 여기서 my word는 자신의 '명예를 걸고 하는 약속이나 다짐'을 나타내는 것이죠.

BONUS Page
일곱 번째 이야기: I'm + 형용사

I'm에 다양한 형용사를 붙여 자신의 느낌이나 감정을 쉽게 표현할 수 있습니다.

- **I'm confused**
  헷갈려요, 혼동돼요

  > - **I'm confused.** Are we meeting on Monday or Wednesday?
  >   헷갈려서 그러는데요. 우리 회의가 월요일인가요, 수요일인가요?
  > - Wednesday. I have a previous engagement on Monday.
  >   수요일이에요. 월요일에는 제가 선약이 있거든요.

- **I'm full**
  완전 배 불러

  > - Dinner was delicious. **I'm full!**
  >   저녁이 정말 맛있었어요. 완전 배 불러요!

  > - **I'm full** of hope for the future.
  >   난 미래에 대한 희망으로 가득 차 있어.

- **I'm late!**
  나, 늦었어!

  > - I don't have time to talk to you right now. **I'm late!**
  >   지금 너랑 이야기할 시간 없어. 나 늦었단 말야!

- **I'm lost!**
  길을 잃었어!

  > - **I'm lost.** I don't recognize any of these buildings!
  >   길을 잃었어요. 이 건물들 하나도 모르겠어요.

- **I'm nervous**
  긴장돼, 초조해

  { • **I'm nervous** about the interview. I've heard it's really hard to get a job at that company.
  면접 볼 거 생각하니까 긴장돼. 그 회사에서 일자리를 얻기가 정말 힘들다고 들었거든.

- **I'm scared**
  무서워, 겁나

  { • **I'm scared** of pigeons. They are so dirty!
  난 비둘기가 무서워. 비둘기들은 너무 더러워!

- **I'm serious**
  진심이야, 난 진지해

  { • You must be kidding!
  농담이겠지!
  • No, **I'm serious.**
  아냐. 진심이야.

  { • **I'm serious**, I won't ever forgive you for this.
  진심이야. 난 이 일에 대해 널 절대 용서하지 않을 거야.

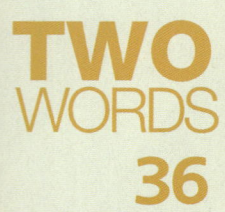

I'm joking/kidding
농담이야

- I'm going to get my nose pierced. 코에 피어싱을 할 거야.
- No, you can't do that! 안 돼, 하지 마!
- Relax, **I'm kidding**! 진정해, 농담이야!

- How dare you make fun of my big ears!
  어떻게 감히 나한테 귀가 크다고 놀리는 거지!
- **I'm just joking.** Don't take yourself so seriously.
  그냥 농담이야. 너무 심각하게 받아들이지 말라구.

- Mom, I'm pregnant! 엄마, 나 임신했어!
- WHAT!? 뭐라고!?
- **Just kidding!** 그냥 농담이야!

 이렇게도 쓰여요!

* No kidding은 p.95를 보세요.

- Jenny, I think you might have an eating disorder.
  제니, 너 거식증 있는 거 아니니?
- Me? No, I'm just naturally skinny.
  나 말야? 아냐, 그냥 선천적으로 마른 것뿐이야.
- Look, **I'm not kidding** around. I'm concerned about your health.
  얘, 난 농담이 아냐. 네 건강이 걱정된다구.

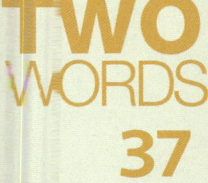

It hurts

(몸 또는 마음이) 아파

- Is there something wrong with your arm?
  너, 팔에 문제 있어?

- **It hurts.**
  아파.

- You should see a doctor.
  병원 가봐.

- I don't feel well. **It hurts** every time I cough.
  몸 상태가 안 좋아. 기침을 할 때마다 아프네.

- **It hurts me to** tell you this, but you didn't get accepted to the college of your choice.
  이런 얘길 하게 돼서 마음이 아프다만, 네가 지원한 대학에 떨어졌거.

 이렇게도 쓰여요!

{
- Did that bee sting you? Try not to scratch it. 저 벌이 널 쐈지? 긁지 마.
- **It really hurts!** 너무 쑤시고 아파!
}

{
- To be honest, I think it is your own fault that your girlfriend left you.
  솔직히 말하면, 네 여자친구가 널 떠난 건 전적으로 네 잘못이라고 생각해.
- **That really hurts,** I thought you were my friend.
  정말 쓰리게 말하는구나. 널 내 친구라고 생각했는데.
}

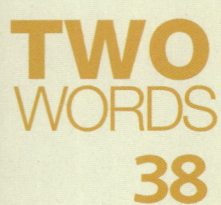

Keep dreaming
꿈이나 계속 꾸셔

- I think I have a good chance of entering Seoul National University. 나, 서울대학교에 들어갈 가능성이 높은 것 같아.

- Ha, **keep dreaming!**
  하, 꿈이나 계속 꾸셔!

- Min-seok said he wants to enter a TV talent show and become a famous musician.
  민석이 얘가 TV 장기자랑에 나가서 유명한 뮤지션이 되고 싶대.

- **Keep dreaming,** Min-seok! That'll never happen.
  꿈이나 계속 꿔, 민석아! 그런 일은 절대 없을 테니까.

- When I finish high school, I want to be a flight attendant.
  고등학교 졸업하면 비행기 승무원이 되고 싶어.

- **Keep dreaming!** You're way too short to be a stewardess.
  계속 꿈이나 꿔! 넌 키가 너무 작아서 스튜디어스가 될 수 없으니까.

알아두세요!

이 책에서 다루고 있는 다른 예들에서도 많이 접할 수 있듯, 여기 등장한 **Keep dreaming.** 역시 반어법으로 쓰인 표현이에요. 반어법이란 어떤 말을 실제 말하는 것과는 정반대의 의미로 하는 화법이죠. 이 경우 일반적인 화법과는 다르게 단어에 강세를 주며 고의로 과장해서 말을 합니다. 위의 대화에서 보듯, **Keep dreaming.**은 실제로 상대에게 자신의 꿈을 꾸라고 격려하는 표현이 아니에요. 그렇다기보다는 오히려 꿈을 꾸고 있는 사람에게 꿈 깨고 현실을 직시할 필요가 있다는 의미로 하는 말이죠.

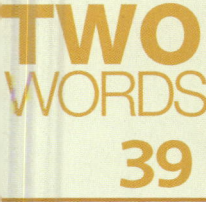

Kind of / Sort of

조금, 어느 정도

- Did you meet your girlfriend yesterday? 어제 여자친구 만났어?

- **Sort of.** I met her but only for fifteen minutes.
  조금. 만나긴 했는데, 15분밖에 못 봤어.

- Is it true that Danish and Norwegian are very similar?
  덴마크어랑 노르웨이어랑 진짜 비슷한 게 사실이야?

- **Kind of.** The grammar is the same, but a lot of the vocabulary is different. 어느 정도는. 문법은 똑같지만, 단어는 많이 달라.

- I'm not sure what I think of the new president's policies, but I **kind of** like her as a person.
  신임 대통령의 정책에 대해서는 잘 모르겠지만, 사람 자체는 그런 대로 괜찮은 거 같아.

 이렇게도 쓰여요!

- So, tell me why you decided to break up with Melanie.
  그래서 멜라니와 왜 헤어지기로 했는지 말해봐.
- Ok, I'll try to explain, but it's **kind of** a complicated story.
  알았어. 설명해볼게. 그런데 좀 얘기가 복잡해.

- I don't know what **sort of** food they serve here, but it looks expensive.
  이 식당에서 어떤 종류의 음식을 제공하는지는 모르겠지만, 비싸 보이네.

 알아두세요!

이 두 표현은 언급한 내용이 부분적으로만 사실일 때(첫 번째, 두 번째 대화)나, 어떤 얘기에 전적으로 동의하고 싶지는 않을 때, 또는 이야기에 특별한 어감을 싣고 싶을 때 사용된답니다. 두 번째 대화에서처럼 쓰이는 경우에는 비슷한 종류에 공통점이 있는 사물이나 사람의 범주를 설명하게 되죠.

- I don't like the **kind/sort/type of** kids that my son is hanging out with after school.
  우리 아들이 방과 후에 어울려 다니는 그런 애들은 좀 맘에 안 들어.

* hedging(이것도 저것도 아니고 애매하게 걸쳐서 말하는 것)에 대해서는 또한 p. 160을 참고하세요.

Let go
놓아줘

- Give me a hug!
  안아줘!

- **Let go!** I don't want to!
  놔줘! 이러고 싶지 않아!

- Jimmy, **let go of** that stray cat! It doesn't want to play with you.
  지미, 그 길 고양이 놓아주렴! 걔는 너랑 놀고 싶어 하지 않잖아.

- I had to **let go of** my daughter when she moved to Seoul to study.
  딸이 공부하기 위해 서울로 이사 갔을 때 그 애를 놓아주어야 했지.

- Yeah, it's tough, but we all have to **let go of** our kids once they reach a certain age.
  그래, 힘든 일이지만, 우린 모두 아이들이 어느 정도 나이가 차면 놓아줘야 해.

알아두세요!

이 표현은 물리적인 대상을 놓아준다고 할 때 쓰는 것이 보통이지만, 세 번째 대화에서처럼 무언가 또는 누군가를 심정적으로 놓아준다고 할 때도 쓰인답니다. 또한, **He/She was let go.**라고 하면 회사에서 사람을 자른다는 말을 완곡하게 표현하는 것이 되죠.

- I heard that Mi-Jeong was **let go** last week.
  미정이가 지난주에 잘렸다고 들었어.

- Yeah, they fired her because she never finished her work on time.
  그래, 그 애는 제시간에 일을 마치는 법이 없어서 잘렸대.

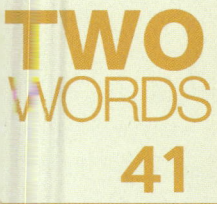

Let's go
가자

- Are you ready to leave?
  갈 준비 됐어?

- **Let's go!**
  가자!

- Come on team, **let's go!**
  어이, 팀원들, 시작하자!

- I need to get out of the house. **Let's go for** a drive in the countryside this weekend.
  난 집 밖으로 좀 나갈 필요가 있어. 이번 주말에 시골로 드라이브 가자.

알아두세요!

Let's go는 2번 대화에서처럼 어떤 임무를 수행하고 있는 사람들을 고무시킬 때 쓸 수 있습니다.
Let's go에 다른 말을 붙여 쓰고 싶은 경우에는 어떤 전치사를 이용해야 할지를 알아두어야 해요.

Let's go + -ing
- **Let's go** swimming. 수영하러 가자.

Let's go to + 장소
- **Let's go to** a museum. 박물관에 가자.

Let's go for + 명사
- **Let's go for** a walk. 산책하러 가자.

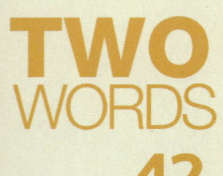

Looking good

좋아/괜찮아/예뻐/잘생겨 보이는데

- How are the ski conditions?
  스키 타기에 상황이 어때?

- **Looking good.**
  좋아 보이는데.

- Then let's go!
  그럼 가자!

- **You're looking good** today; your skin is really clean.
  오늘 너 예뻐 보인다. 피부가 정말 깨끗해.

- How is the design for the poster coming along?
  포스터 디자인은 어떻게 돼가고 있니?

- **It's looking pretty good.**
  잘 진행되고 있는 것 같아.

- Alright, keep up the good work.
  좋았어, 계속 수고하자고.

Me too
나도

- I'm so bored by this party. 이 파티 진짜 지겹다.
- **Me too.** Let's leave soon. 나도. 빨리 떠나자.

- I want to go to the beach this weekend. 이번 주말에 해변에 가고 싶어.
- **Me too.** Why don't we go together? 나도. 우리 같이 가는 게 어때?

- My daughter wants to get her ears pierced already, but I think it's too early. 우리 딸이 귀에 벌써 피어싱을 하고 싶어 해. 하지만 너무 이른 감이 있는 것 같아.
- **Me too.** She's only 8. 나도 그렇게 생각해. 그 앤 겨우 8살이잖아.

 이렇게도 쓰여요!

- Keep warm until I see you next time.
  다음 번에 만날 때까지 따듯하게 하고 잘 지내.
- **You too.** Try not to catch a cold!
  너도. 감기 걸리지 않게!

- I bought a new TV yesterday.
  어제 TV를 새로 샀어.
- **You too?** Everyone is buying a new TV these days.
  너도? 요즘 사람들이 전부 TV를 새로 사네.

 알아두세요!

I로 자신의 의견이나 바람을 드러내는 사람에게 맞장구를 치며 응답할 때 **Me too.**를 사용하죠. 다른 사람의 의견에 동의할 때 쓸 수 있는 또 다른 표현으로 **I agree.**도 있답니다.

- The jury found him guilty of murder.
  배심원이 그 남자를 살인죄로 평결했어.
- **I agree.** It's obvious that he's the killer.
  나도 동의해. 그 남자가 살인자인 게 명백해.

대접하고 감사하기

다음은 식사 시간에 쓸 수 있는 간단한 표현들이에요.

- **My treat** 내가 낼게, 내가 쏠게

> - Who will pay for lunch today?
>   오늘 점심값은 누가 낼 거야?
> - **My treat.**
>   내가 낼게.
> - Thank you!
>   고마워!

> - Order anything you want; **it's my treat**.
>   먹고 싶은 거 아무거나 시켜. 내가 쏠게.

> - Do you want to go 50/50 (fifty-fifty)?
>   반반씩 낼까?
> - Please, let me pay tonight. **It's my treat**.
>   오늘밤은 내가 내게 해줘. 내가 쏠게.

격식 없이 쓰는 표현으로 **It's on me.**가 있습니다. 이 표현은 **This bottle is on me.**(이 술은 내가 쏠게.), **The next round (of drinks) is on me.**(다음 술은 내가 쏠게.)처럼 주어 자리에 명사를 써도 돼요.

- **It's on me** 내가 쏠게

> - Eat all you can, **it's on me**!
>   먹을 수 있는 건 다 먹어. 내가 쏠게!

- **How much do I owe you for the drinks?**
  내가 너한테 술 얼마나 빚졌더라?
- **Don't worry, it's on me. You can pay next time.**
  신경 쓰지 마, 내가 쏠게. 넌 다음 번에 내도 돼.

하지만, 자신이 내고 싶은 기분이 들지 않는 경우엔 항상 다음과 같이 말하면 됩니다.

- **Separate checks.** 계산서 따로요.

- **How would you like to pay?**
  어떻게 계산하시겠어요?
- **Separate checks**, please.
  계산서 따로 부탁해요.

- **Since you didn't eat much, we should split the bill.**
  넌 별로 안 먹었으니까, 각자 계산하자.
- **That's a good idea. Let's ask for separate checks.**
  좋은 생각이야. 계산서 따로 부탁하자.

행사나 저녁식사 등에 손님들을 초대해 자기 집에 있는 것처럼 편하게 맘껏 먹고 마시다 가기를 원한다면, 다음과 같이 말해보세요.

- **Help yourself.** 편하게 맘껏 드세요.

- **May I please have some more food?**
  음식을 좀더 먹어도 될까요?
- **Help yourself!**
  편하게 맘껏 드세요.

- **Please help yourself to any of the snacks on the table.**
  테이블에 있는 다과들 아무거나 맘껏 드세요.

{ • You don't need to wait for permission to eat, please **help yourself**!
허락 받아가며 먹을 필요 없어요. 편하게 맘껏 드세요.

이제 마지막으로, 식사를 끝내고 모두들 배 불리 먹어 감사 인사가 쏟아지기 시작하면 다음과 같이 대답하면 되죠.

- You're welcome / No problem (p.96) / Don't mention it (p.167)
  천만에요, 별말씀을요

{ • Thanks for dinner, I had a great night.
저녁 감사해요. 너무 즐거운 밤이었어요.
• **You're welcome.**
별말씀을요.

- My pleasure / It was my pleasure
  (천만에요) 오히려 제가 더 기쁘죠, 제가 좋아서 한 걸요

{ • Thank you for your hospitality.
환대에 감사드립니다.
• **My pleasure!**
천만에요, 오히려 제가 기쁘죠!

{ • **It's my pleasure** to introduce tonight's guest speaker, Mr. Landry.
오늘밤의 초청 연사인 랜드리 씨를 소개해 드리게 되어 기쁩니다.
• Thank you, **it's my pleasure** to be here tonight.
감사합니다. 오늘밤 이 자리게 서게 되어 기쁩니다.

{ • They kept thanking me for buying them dinner, but **it was my pleasure**.
그 사람들한테 저녁식사를 사준 걸 갖고 계속 고맙다고 하는데, 제가 좋아서 한 일인 걸요 뭐.

{ • **It was a pleasure** to meet you.
뵙게 되어 기쁩니다.

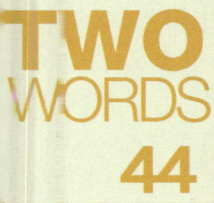

Never mind

신경 쓰지 마

- What did you say?
  뭐라고 했어.

- **Never mind.** It wasn't important.
  신경 쓰지 마. 중요한 말 아녔어.

- Do you still need me to reserve a hotel room for you?
  여전히 호텔 방을 예약해 드려야 할까요?

- No, **never mind**. I canceled my trip.
  아뇨, 신경 쓰지 마요. 출장 취소했어요.

- I'm so sorry I spilled water on the table!
  정말 미안해. 테이블에 물을 쏟아버렸어!

- **Never mind.** It won't leave a stain.
  신경 쓰지 마. 얼룩이 남는 것도 아닌데 뭘.

 이렇게도 쓰여요!

- Ah, it looks like it's going to rain. 아, 비가 올 것 같네.
- **Never mind** the weather (forget the weather). We have more important things to think of right now.
  날씨 같은 건 신경 꺼. 지금 우린 그보다 더 중요한 문제를 생각해야 해.

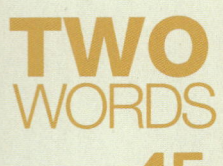

Nice try
시도는 좋았어

- If you invest money in this pyramid scheme, you can get returns of up to 250%!
  이 피라미드 계획에 돈을 투자하면 250%까지 돌려받을 수 있을 거야.

- **Nice try!** I'm not falling for that.
  시도는 좋았어! 난 거기 속지 않아.

- Can you guess how old I am?
  내가 몇 살인지 알아맞혀 보세요.

- Hmm… thirty-three?
  음… 서른 세 살요?

- **Nice try**, but I'm actually thirty-five.
  비슷하네. 실은 서른 다섯 살이에요.

- You missed the goal, but **it was a nice try**. Better luck next time!
  그 골을 놓쳤지만, 시도는 좋았어. 다음 번엔 운이 더 좋을 거야!

 이렇게도 쓰여요!

- Dad, if you let me borrow your car, I'll promise to drive carefully.
  아빠, 차 좀 빌려주시면 제가 조심해서 운전한다고 약속드릴게요.
- **Nice try, but no cigar.**
  좋은 제안이야. 하지만 안돼.

 알아두세요!

앞에서 배운 **Keep dreaming.**과 마찬가지로, **Nice try.** 역시 반어적인 의미가 실린 표현이랍니다. 첫 번째 대화에서 그러한 어감이 잘 드러나 있죠.

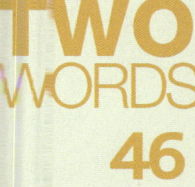

No kidding

농담 마 / 말도 마

- My mom looks so young that people often mistake her for my wife. 우리 엄마는 너무 어려 보여서 사람들이 내 아내로 착각할 때가 많아.

- Hmm, **no kidding**! That must be strange for you.
  음, 정말?! 그럼 네가 좀 이상하잖아.

- Dad: Ok, let's take a nice family photo. I want to see big smiles from everyone. 아빠: 좋아, 가족 사진 한 번 근사하게 찍어보자구. 모두들 활짝 웃어봐.

- Mom: Yeah, **no kidding around** this time, got it?
  엄마: 그래, 이번에는 장난치지마, 알았지?

- Son: Alright Mom, I'll be serious this time.
  아들: 알았어요, 엄마. 이번에는 진지하게 할게요.

- Wow, this dish is super spicy. 이야, 이 요리 매워도 너무 매운데.

- **No kidding!** My eyes are watering. 말도 마! 눈물이 막 나올 지경이야.

 알아두세요!

No kidding.은 자신의 생각을 어필하려고 하는 말은 아니랍니다. 상대에게 진지한 거냐고 물어보기 위해 쓰이는 것이 아니라, 첫 번째 대화에서처럼 놀라움을 살짝 드러내거나, 두 번째 대화에서처럼 진지함이나 진정성을 보일 때, 또는 세 번째 대화에서처럼 동의나 동감을 표할 때 사용돼요. 동의나 동감을 표현하는 다른 표현으로 You're not kidding!이 있답니다.

- Man, Fred sure goes to the bathroom a lot. 있지, 프레드는 화장실에 진짜 자주 가네.
- **You're not kidding!** That's the 3rd time I've seen him leave his desk this morning. 그래 맞아! 오늘 오전에 프레드가 자리를 비우는 걸 본 것만도 세 번째야.

No problem

별거 아냐, 괜찮아, 문제없어

- Thanks for lending me your pen.
  펜 빌려줘서 고마워.

- **No problem.**
  별거 아냐.

- I accidentally left my library book at home.
  모르고 도서관 책을 집에 두고 왔어요.

- **No problem.** You can bring it tomorrow.
  괜찮아요. 내일 가져오셔도 돼요.

- I was very nervous beforehand, but the test turned out to be **no problem.** 미리부터 너무 긴장됐었는데, 막상 시험을 쳐보니 별거 아니더라구.

 이렇게도 쓰여요!

- I have **no problem** with the neighbors upstairs. They're nice people.
  위층에 사는 이웃들이랑 별 문제없어. 그 사람들, 참 괜찮은 사람들이야.

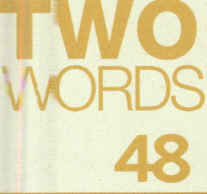

No sweat

걱정 마, 신경 쓰지 마 / 문제없어, 별거 아냐 (어려운 일 아냐)

❶ 걱정 마, 신경 쓰지 마 Don't worry.

- I'm sorry I spilled coffee on you. 너한테 커피 쏟아서 미안해.
- **No sweat**, it was an old shirt. 걱정 마, 낡은 셔츠였어.

- I feel bad about visiting your place without bringing a housewarming present. 집들이 선물도 안 갖고 너희 집에 와서 기분이 좀 그러네.
- **Don't sweat it.** This is just a casual affair.
  신경 쓰지 마. 이건 그냥 일상적으로 있는 행사일 뿐이야.

❷ 문제없어, 별거 아냐 (어려운 일 아냐) No problem (it's not difficult)

- Can you reach that book on the top shelf for me?
  책장 맨 위에 있는 저 책 좀 꺼내줄 수 있어?
- Sure, **no sweat**. 그럼, 문제 없어.

알아두세요!

no sweat이 들어간 또 다른 관용표현으로, It's no sweat off my back.이 있는데요. 이 표현은 No sweat.과는 전혀 다른 의미랍니다. It's no skin off my nose.로도 바꿔 쓸 수 있는 이 표현은 그건 그 사람들 일이니까 '내 알 바 아니다, 나랑 상관없다'라는 것을 나타낼 때 사용된답니다.

- Our manager said he is going to alphabetize all of the old files by himself. 우리 부장이 오래된 파일들을 혼자서 전부 알파벳순으로 정리할 거래.
- Well, **it's no sweat off my back**. Let him waste his time on that if he wants to. 음, 내 알 바 아냐. 자기가 하고 싶다면 그 일에 자기 시간을 낭비하라고 그래.

No use / It's no use
아무 소용 없어

- There are mosquitoes everywhere in my apartment.
  우리 아파트에는 사방에 모기가 있어.

- Did you try a spray?
  스프레이 뿌려봤어?

- **No use!** It doesn't help.
  소용 없어! 도움이 안 돼.

- **It's no use.** I've tried everything, but I can't get the lid off this jar.
  아무 소용 없어. 갖은 방법을 다 써봤지만, 이 단지의 뚜껑을 못 열겠어.

- **It's no use** thinking about the things you could have done. You have to be satisfied with the choices you've made.
  이미 못한 일을 할 수 있었는데 하고 생각해봤자 아무 소용 없어. 네가 선택한 것에 만족하도록 해.

No way / Not a chance

(말도) 안 돼 / 그럴 리가 없지

- Can I kiss you?
  키스해도 돼?

- **No way!** Your breath stinks!
  안 돼! 너, 입 냄새 고약해!

- **There's no way** I'll be able to make it to work on time.
  회사에 제시간에 도착할 수가 없어.

- Will you be able to finish the term paper by the 21st?
  21일까지 기말 리포트를 다 쓸 수 있겠니?

- **Not a chance.** I'll have to cram the night before.
  그럴 리가 없지. 전날 밤에 벼락치기해야겠어.

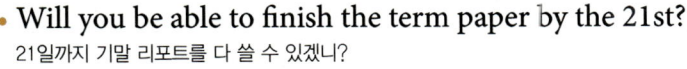

이렇게도 쓰여요!

- Your favorite singer is playing a concert here next month.
  네가 제일 좋아하는 가수가 다음 달에 여기서 콘서트를 할 거래.

- **No way!** I didn't know that! 말도 안 돼! 내가 그 사실을 몰랐다니!

No wonder

당연하지, 놀랄 일도 아냐

- I think I'm in love with Jun Ji-hyeon.
  나 전지현한테 반한 거 같아.

- **No wonder!**
  놀랄 일도 아니네 뭘!

- Mom, I've caught a cold.
  엄마, 나 감기 걸렸어.

- **No wonder!** I saw you running around in the rain.
  놀랄 일도 아니지! 빗속에서 그렇게 뛰더니만.

- **It's no wonder** he's so good at piano. He's been playing since he was nine.
  그 남자애가 피아노를 그렇게 잘 치는 건 놀랄 일도 아냐. 그 앤 아홉 살 때부터 피아노를 쳤어.

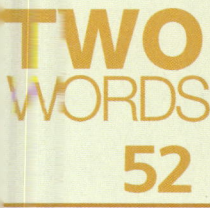

Not bad

상당한데 / 나쁘지 않은데

- I just got my TOEIC score: 810.
  토익 점수를 810점 받았어.

- **Not bad!**
  상당한데!

- I finished all my homework in one hour.
  한 시간 만에 숙제를 전부 다했어.

- **Not bad.** It took me twice that long.
  상당하네. 난 그 정도 분량 하는 데 시간이 두 배 걸렸는데.

- Even though it was my first time surfing, **I was not too bad**.
  난생 처음 서핑 해보는 건데도, 제법 잘했어.

 이렇게도 쓰여요!

- Check out my pirouette.
  내 피루엣 좀 봐줘. (발레에서)

- Hey, that's **not bad**! You're a pretty good dancer.
  야, 나쁘지 않은데! 너 정말 훌륭한 댄서다.

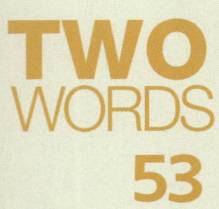

TWO WORDS 53

Not likely / It's unlikely
당치 않아, 그럴 리 없어

- Do you think the boss will give me a raise?
  사장님이 내 봉급을 올려줄 것 같아요?

- Ha, **not likely**!
  하, 그럴 리 없죠!

- Do you think we could cross the river here?
  우리, 여기 이 강을 건널 수 있을 것 같아?

- **It's unlikely.** The water is too deep.
  당치도 않아. 물이 너무 깊어.

- **It's not likely that** I'll be able to get that position. There were hundreds of applicants.
  그 직책을 못 얻을 것 같아. 지원자가 수백 명이더라구.

알아두세요!

어떤 일이 일어날 가능성이 얼마나 확실한지의 정도를 나타내는 표현들에는 여러 가지가 있답니다. 다음 표현들은 위에서 아래로 갈수록 확실함의 정도가 낮아집니다.

High certainty
- It's certain/guaranteed. 확실해, 보장해.
- It's expected. 그럴 것으로 기대돼[예상돼].
- It's likely. 십중팔구 그럴 거야.

Low certainty
- It's possible. 가능하지.

TWO WORDS 54

Not me
난 아냐 / 나한테 그러지 마

- Who broke my priceless vase?
  귀중한 내 꽃병을 누가 깼어?

- **Not me!**
  난 아냐!

- My coworkers accused me of farting, but **it was not me**!
  동료가 나더러 방귀 꼈다고 막 뭐라 그랬어. 하지만 방귀 낀 건 내가 아녔다구!

- Can you help me with this assignment?
  이 과제하는 거 좀 도와줄 수 있어?

- Ask your teacher, **not me**.
  너희 선생님께 부탁해. 나한테 그러지 말고.

격식 없이 쓰는 문자 메시지 슬랭

최근 몇 년 새, 문자메시지를 쓸 때 사용하는 슬랭을 격식 없이 쓰는 구어체 대화에서도 사용하는 젊은이들이 점점 늘어나고 있어요. 다음 표현들은 엄밀히 말하면 단어가 아니라 약어이지만, O, M, G처럼 철자를 한 자 한 자 단독 표현처럼 발음하는 것을 자주 들을 수 있습니다.

- OMG = Oh my God — 맙소사
- WTH = What the hell — 세상에, 미치겠네
- BRB = (I'll) Be right back — 곧 돌아올게
- ASAP = As soon as possible — 가능한 빨리
- LOL = Laugh out loud — 큰소리로 웃다
- FYI = For your information — 참고로
- IMO = In my opinion — 내 생각에는, 내 의견으로는
- RSVP = please respond — 프랑스어에서 온 말로, '회신 바람'이란 의미. 초대에 대해 참석 여부를 대답해줄 것을 바랄 때 사용되죠.

- Wow, that guy just jumped over a car on his skateboard.
  이야, 저 사람 스케이트보드 타고 자동차를 타넘었어.
- **OMG!** That was sick!
  맙소사! 완전 쩔어!

- **WTH**, my computer crashed again!
  미치겠네, 컴퓨터가 또 다운됐어!
- **IMO**, you should turn it off once in a while or it'll overheat.
  내 생각엔 잠깐씩 꺼둬야 해, 안 그러면 컴퓨터가 과열될 거야.

- **FYI**, I just got the invitation to your party.
  참고로, 저 방금 당신 파티 초대장 받았어요.
- Cool, please **RSVP ASAP**.
  좋아요, 가능한 빨리 참석 여부를 알려주세요. (ASAP는 A, S, A, P처럼 한 자 한 자 발음하거나, 또는 [éisæp]으로 발음할 수 있습니다.)

주의 실제 이런 표현을 쓰면 십대 청소년처럼 들리게 된다는 점은 감수하고 써야 해요. 안 그러면 이처럼 줄인 말을 쓰지 말고, 완전한 표현으로 말하세요. 그러면 다시 어른처럼 들리게 될 테니까요.

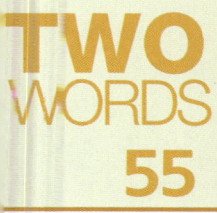

Not really

정말 아녜요 / 별로요

- Do you like spicy food?
  매운 음식 좋아하세요?

- **Not really.** I eat it sometimes when I have to, but it's not my favorite. 별로요. 먹어야 하는 경우엔 이따금 먹지만, 좋아하지는 않아요.

- Do you want to go to the movies?
  영화 보러 갈래?

- **Not really.** There's nothing interesting showing these days.
  별로. 요즘 상영 중인 것 중에 재미있는 게 없어.

- I think we should start dating.
  우리 슬슬 연애 좀 해야 하지 않을까?

- Sorry, I'm **not really** looking for a girlfriend these days. I'm happy to be single.
  미안. 요즘 난 여자친구는 정말 필요 없어. 싱글로 지내는 게 행복해.

 이렇게도 쓰여요!

- Mr. President, did you call your opponent a liar?
  대통령 각하, 각하의 정적을 거짓말쟁이라고 부르셨어요?

- That's **not really** what I meant. The newspapers misquoted me.
  정말 그런 뜻으로 말했던 건 아녔습니다. 신문에서 내 말을 잘못 인용했어요.

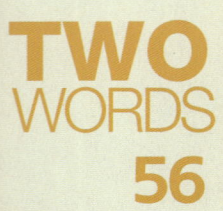
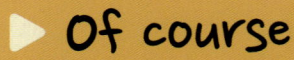

물론이죠

- May I take one of these mints?
  이 박하사탕 하나 먹어도 돼요?

- **Of course.**
  물론이죠.

- Do you think they'll serve kimchi here?
  이 식당 김치도 나올까?

- **Of course.** You can't serve Korean food without kimchi.
  물론이지. 한국 음식엔 꼭 김치가 나와.

- **Of course** I've heard of Michael Jackson, he's one of the most famous performers of all time.
  물론 마이클 잭슨에 대해서 들어봤지. 시대를 초월해서 전무후무한 최고의 인기 가수잖아.

Oh well
아, 그래요

- Sorry sir, this is not a winning lottery ticket.
  미안합니다 손님. 이건 당첨 복권이 아니네요.

- **Oh well…**
  아, 그래요…

- Sorry coach, I tried my best, but the other guy was much faster than me.
  죄송해요, 코치님. 최선을 다했지만 다른 선수가 저보다 훨씬 더 빨랐어요.

- **Oh well**, you can't win 'em all.
  아, 그래. 네가 전부 다 이길 순 없지.   * 'em은 them을 약하게 발음할 때 소리 나는 대로 표기한 것

- I'm sorry, your plane is delayed because of a snow storm.
  죄송합니다. 고객님의 비행기가 폭설로 인해 지연되고 있습니다.

- **Oh well**, there's nothing we can do about that. Let me know when it is ready to take off.
  아, 그래요. 어쩔 수 없죠. 이륙 준비가 되면 알려주세요.

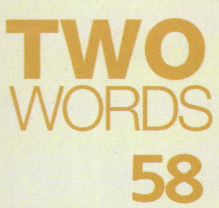

Oh yeah?
아, 그래?

- That movie broke all the records at the box office.
  저 영화 박스오피스 기록을 모두 갈아치웠어.

- **Oh yeah?**
  아, 그래?

- Yeah, really! It's very popular all over the world.
  응, 그렇다니깐! 전 세계적으로 아주 인기가 있어.

- If you don't leave me alone, I'm gonna punch you!
  날 가만 내버려두지 않으면 한 대 날려버릴 거야!

- **Oh yeah?** I'd like to see you try.
  아, 그러셔? 그러는 거 한번 보고 싶네.

* gonna는 going to의 구어체 표현

- I went on a date with a sexy woman last night.
  어젯밤에 섹시한 여자랑 데이트했어.

- **Oh yeah?** My friend told me he saw you sitting in a PC café all night. 아, 그러셔? 너 어젯밤 내내 PC방에 앉아 있는 거 내 친구가 봤다던데.

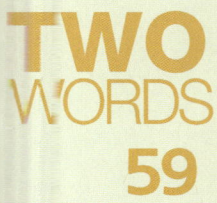

Once more
한 번 더

[at rehearsal 리허설에서]

- OK, the song is starting to sound good now.
  좋았어. 노래 소리가 이제야 괜찮아지기 시작하네요.

- **Once more?**
  한 번 더 해볼까요?

- Yep, let's try it **once more** from the top.
  넵, 맨 위에서부터 다시 한 번 해봅시다.

- I'm only going to say this **once more**, so listen up!
  내가 딱 한 번만 더 말할 테니깐, 잘 들어!

- OK everyone, let's shoot that scene **once more**. Start from the beginning of scene 2.
  좋았어요, 여러분. 이 씬 한 번 더 찍읍시다. 씬 2 처음부터 시작하세요.

 이렇게도 쓰여요!

- Wow, that roller coaster was amazing! 우와, 저 롤러코스터 끝내줬어!
- **One more time!** 한 번 더 타자!
- Ok, let's try it again. 좋아. 또 타보자!

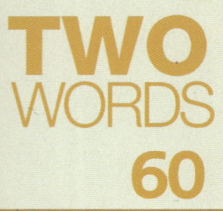

Pretty bad
아주 안 좋아, 너무 심해

- How are you feeling these days? 요즘 컨디션 어때?
- **Pretty bad.** 아주 안 좋아.
- I'm sorry to hear that. 그 소리를 들으니 맘이 안됐네.

- Eun-ju injured her ribs. It sounds **pretty bad**, I think she's in the hospital.
  은주가 갈비뼈를 다쳤대. 상태가 아주 안 좋은 것 같더라. 지금 병원에 입원 중인 것 같아.

- This cold is getting **pretty bad**, I can barely breathe.
  감기가 너무 심해지네. 숨을 못 쉬겠어.

알아두세요!

형용사를 강조할 때 **pretty** 또는 **quite**를 자주 사용합니다. 여러 가지 형용사들과 어울려 무척 자주 쓰이죠.

- Hey, this song is **pretty good**. Who is the singer?
  야, 이 노래 참 좋은데. 가수가 누구야?

- The CG in that movie was **quite awful**.
  그 영화 CG가 정말 형편없었어.   * CG = computer graphic

- I'm a little ashamed of my work. My presentation was **pretty average**.
  내가 한 일이 약간 쑥스럽네. 발표는 아주 평범하게 했어.

- I wasn't expecting much from that TV show, but the first episode was **quite decent**. 그 드라마 별로 기대하지 않았는데, 첫 번째 에피소드가 꽤 괜찮았어.

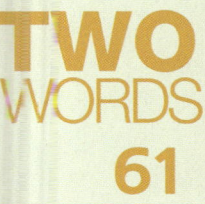

Right away / Right now
지금 당장, 바로 지금

- When do you want me to send this letter?
  이 편지를 언제 부칠까요?

- **Right away!**
  지금 당장요!

- All right, I'll do it now.
  알았어요. 지금 부칠게요.

- Call your mother **right away**, she's worried about you!
  지금 당장 너희 어머니한테 전화드려, 걱정하시더라!

- You shouldn't wait until the last day to do your work, start **right now**!
  해야 될 일을 마지막 날까지 미루지 말고, 지금 당장 시작해!

 이렇게도 쓰여요!

- When does the show start? 그 드라마 언제 시작하지?
- **Right now!** Turn on the TV. 바로 지금 해! TV 켜.

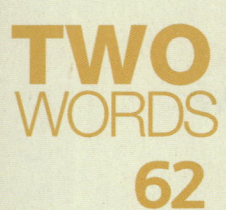

Say when
됐다고 말해주세요

- **Say when…** *[pouring wine]*
  됐다고 말해… [와인을 부어주면서]

- Ok, that's enough.
  됐어. 이 정도면 충분해.

- **Just say when.** *[serving food]*
  됐다고 말씀해 주세요. [음식을 덜어주며]

- That's fine. I'm not that hungry today.
  됐어요. 오늘은 그렇게 배 고프지 않네요.

- Ok, I can help you move this weekend. **Just say when**, and I'll be there.
  알았어, 이번 주말에 너 이사하는 거 도와줄 수 있어. 언젠지 말만 하면 갈게.

 알아두세요!

이 표현은 특이하게도 상대에게 정말로 '언제인지'에 대한 대답을 기대하고 하는 말은 아니라는 거예요. 대신 **Thanks**(고마워요), **That's enough**(충분해요), **That's fine**(됐어요)과 같은 간단한 대답이 따르죠.

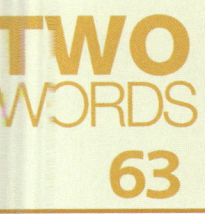

See you / See you later / See you around

안녕, 있다 봐, 또 봐

- I'll see you at school tomorrow. 내일 학교에서 보자.
- **See you!** 안녕!

- It was nice meeting you. 만나서 반가웠어요.
- You too. **See you around!** 저도요. 또 봐요!

＊ Yoo too.는 It was nice meeting you, too.의 줄임말

- I have to go to the store and pick up some groceries.
  가게에 가서 식료품을 좀 사와야겠어.
- Alright, I'll be here when you get back. **See you later!**
  그래, 난 네가 돌아올 때까지 여기 있을게. 있다 봐!

 알아두세요!

이따금 언제 **see**를 쓰고, **Nice to meet you.**(만나서 반가워요.)에서처럼 언제 **meet**을 써야 할지 잘 모르겠을 때가 있죠. 일반적으로 누군가를 처음 만나는 경우에는 **meet**을 쓰고, 그 이후부터는 **Good to see you again.**(다시 봐서 반가워요.)처럼 **see**를 쓴다고 알고 있어요. 맞는 말이죠. 하지만 아래 대화에서 보는 것처럼 사전에 미리 잡은 약속에 대해 말할 때는 여전히 **meet**을 사용할 수 있답니다.

- Bye, **see you around!** 안녕, 또 보자!
- Yeah, **I'll see you** at church this Sunday as usual.
  응, 평소처럼 이번 주 일요일에 교회에서 봐.

- Hey, wanna have lunch together this weekend?
  이번 주말에 점심 같이할까?   ＊ wanna = want to
- Ok, **let's meet** after church this Sunday. 좋아, 이번 일요일에 예배 마치고 만나자.

Since when?

언제부터?

- I've started taking English lessons. 나, 영어 강좌 듣기 시작했어.
- **Since when?** 언제부터?
- It's only been two weeks so far. 이제 2주밖에 안 됐어.

- **Since when** did you start smoking? 언제부터 담배를 피우기 시작하셨어요?
- I've been smoking for a year. 담배 피운 지 1년 됐어요.

- **Since when** did they build a Starbucks here? I never noticed it before. 언제부터 여기에 스타벅스를 짓기 시작한 거예요? 예전엔 미처 몰랐어요.

알아두세요!

〈전치사 + 의문사〉의 형태는 여러 가지 질문을 할 때 활용할 수 있어요.

- I bought a birthday present. 생일선물을 샀어.   **For whom?** 누구 생일선물?
- I bought a new book. 책을 한 권 새로 샀어.   **By whom?** 어떤 작가 거?
- I sent you an email. 이메일 보냈습니다.   **About what?** 무슨 일로요?
- I need a screwdriver. 스크루드라이버가 필요해.   **For what?** 뭣 땜에?
- I'm starting a new job. 새 일을 시작할 거야.   **From when?** 언제부터?
- The letter should arrive soon. 편지가 곧 도착할 겁니다.   **By when?** 언제까지요?
- I'm looking for a new apartment. 아파트를 새로 구하고 있습니다.   **Around where?** 어디쯤에요?

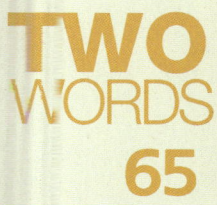

Shut up
닥쳐, 입 좀 닫아

- Haha, look at that fat girl over there!
  하하, 저기 뚱뚱한 여자아이 좀 봐!

- **Shut up!** You're a jerk.
  닥쳐! 못난 놈.

- What bus should we take? Hurry up, we have to be there in 10 minutes!
  우리, 어떤 버스 타야 해? 서둘러, 10분 후에는 도착해야 해!

- **Shut up**, I'm trying to concentrate. I think it's bus number 114.
  주둥이 좀 닫아, 나 지금 집중하고 있잖아. 내 생각엔 114번 버스인 거 같아.

- This film is so bad! Why did you bring me here?
  이 영화 완전 구려! 왜 날 데려왔어?

- **Shut up**, everyone is looking at us. You're embarrassing me.
  입 좀 닫아. 사람들이 전부 우릴 쳐다보잖아. 너 때문에 진짜 쪽팔린다.

Shut up.은 격식 없이 쓰는 말로 무례한 표현이에요. 상대방에게 말 좀 그만하라고 하고 싶은 경우, 좀더 정중한 표현은 **Be quiet.**랍니다.

TWO WORDS 66

Slow down
천천히 해

- **Slow down!**
  천천히 좀 가!

- What's wrong?
  왜 그래?

- I can't walk as fast as you.
  난 너처럼 빨리 못 걷겠어.

- For Christmas I want a pony, a doll, a computer, a CD, new clothes... 크리스마스 때 조랑말도 갖고 싶고, 인형도 갖고 싶고, 컴퓨터, CD, 새 옷...

- **Slow down** kiddo! That's too much!
  천천히 하자구나, 얘야! 너무 많구나!

- If you don't **slow down when** you eat, you might choke on your food.
  밥 먹을 때 천천히 먹지 않으면 음식이 목에 걸릴지도 몰라.

 이렇게도 쓰여요!

- You need to **slow down** and think about your life, before you make any more reckless decisions.
  더 이상 무분별하게 결정을 내리기 전에 네 삶에 대해 천천히 생각해볼 필요가 있어.

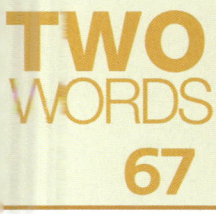

Something's wrong
문제가 좀 있어

- **You look upset.** 너 기분이 안 좋아 보인다.

- **Something's wrong.** I can't start my car.
  차에 문제가 있어. 시동이 안 걸리네.

- I tried to call Charlie, but he didn't pick up.
  찰리한테 전화를 해봤지만, 받지를 않아.

- Maybe **something's wrong**. 무슨 문제가 있나.

- I hope not, I'll try again later.
  아무 문제 없어야 할 텐데. 있다 다시 전화해봐야겠어.

- I think **something's wrong with** me. I can never study for more than 20 minutes.
  나한테 문제가 좀 있는 것 같아. 20분 넘게 공부를 못하겠어.

알아두세요!

일이나 상황이 뭔가 잘못됐거나 평상시와는 다른 것 같다고 느낄 때 격식 없이 쓸 수 있는 또 다른 표현으로, **Something's up.**(무슨 일 생겼어.)이 있습니다.

- **Something's up with** the computer, I can't turn it on.
  컴퓨터에 문제가 있나 본데. 켜지질 않네.

- The office seems really quiet today. 오늘 사무실이 너무 조용한 거 같네.
- Yeah, **something's definitely up**. Where is everyone?
  그러게, 무슨 일 생긴 게 분명해. 모두 어디 있지?

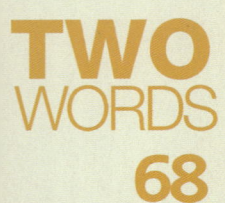

So what?

그래서 뭐? 그래서 어쩌라구?

- You just threw that trash on the street!
  길거리에 쓰레기를 버렸잖아!

- **So what?**
  그래서 뭐?

- That's illegal!
  불법이라구!

- I ate all my food in less than 10 minutes!
  10분도 채 안 돼서 음식을 전부 다 먹었어!

- **So what?** Mr. Shin finished his meal in half that time.
  그래서 어쩌라구? 신 씨은 그 시간 반 만에 자기 밥을 다 먹었는데.

- I saw you walking around here on the night of the robbery.
  강도가 있었던 날 밤에 당신이 이 주변을 돌아다니는 걸 봤어요.

- **So what?** That doesn't prove anything.
  그래서 뭐요? 그건 아무것도 증명해주지 않아요.

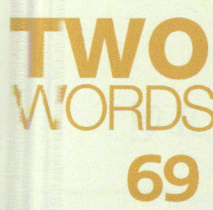

Sounds great/terrible

이야, 좋겠다, 잘됐다 / 끔찍해

- I'll be staying at a 5-star resort in Fiji.
  피지에 5성급 리조트에서 머물고 있을 거야.

- **Sounds great.** I wish it were me…
  이야, 좋겠다. 그게 나라면 좋을 텐데…

- My book just reached number 1 on the bestsellers list.
  내가 쓴 책이 베스트셀러 목록에서 1위에 올랐어.

- **That sounds great.** You're a lucky guy.
  와, 잘됐다. 운 좋은 놈 같으니라구.

- I'm planning to invest in a renewable energy company.
  난 재생 에너지 회사에 투자할 계획이야.

- **Sounds like a great idea.** I hope it works out.
  좋은 생각인 것 같은데. 잘되길 바랄게.

이렇게도 쓰여요!

- My boss ordered me a dish with raw fish heads for lunch.
  우리 사장이 점심으로 날 생선 머리로 만든 요리를 시켜주더라구.

- **Sounds terrible!** 으, 끔찍해!

사람을 거부하고 밀어낼 때 쓰는 표현

다음은 누군가에게 화가 나서 그 사람과 말도 하기 싫거나, 그 사람이 눈 앞에서 없어져 버렸으면 좋겠다고 할 때 쓸 수 있는 표현들이에요.

- **Go away! / Get away!**
  꺼져!

  { - You've ruined this party! **Go away!**
      네가 이 파티를 망쳤어! 꺼져버려!

  { - I'm furious with you right now. **Get away from** me!
      지금 나 너한테 엄청 화났어. 내 눈 앞에서 사라져버려!

이렇게도 쓰여요!

  - I have to **go away** on business for a week.
    난 일주일 동안 멀리 출장가야 해.

- **Get lost!**
  꺼져! 내 눈 앞에 사라져!

  { - Let's go on a date.
      우리, 데이트하자.
    - **Get lost**, loser!
      꺼져, 찌질한 놈!

  { - Some stranger kept asking for my phone number, so I told him to **get lost**.
      낯선 남자가 자꾸 내 전화번호를 물어서, 꺼지라고 말했어.

- Leave me alone
  날 좀 내버려둬

  {
  - Hey, do you know where I can get some drugs?
    야, 어디서 마약을 좀 구할 수 있는지 알아?
  - Leave me alone.
    나 좀 내버려둬.
  }

  {
  - Even though I'm a famous pop star, I wish the media would respect my privacy and just leave me alone.
    내가 아무리 유명한 팝 스타라도 언론 매체에서 사생활을 존중해서 널 좀 그냥 내버려두면 좋을 텐데.
  }

이 표현들은 설사 말하는 의도가 모두 무례하다 하더라도, 그 중에서도 **Get lost.**가 제일 무례한 표현인 반면, **Leave me alone.**은 가장 정중한 표현이랍니다.

위에 언급한 표현들과 바꿔 쓸 수 있는 말로, 좀더 공격적이고 막 쓰는 말에는 다음과 같은 표현들이 있어요.

- Buzz off.
- Piss off.
- Beat it.
- Scram.

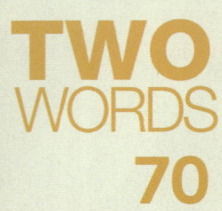

Stop whining/sulking/complaining

그만 징징대, 우는 소리 좀 그만해 / 그만 골내 / 불평 그만해

- It's unfair! I should have gotten that promotion.
  불공평해! 내가 승진을 했어야 했다고.

- **Stop whining.**
  그만 좀 징징대.

- If only I had gotten a scholarship, my life would be a lot better…
  장학금을 받기만 했다면, 내 인생이 좀더 나아졌을 텐데…

- **Stop sulking** and just get on with your life!
  그만 징징대고, 그냥 네 인생을 살아!

- My life is so tough these days.
  요즘 사는 게 너무 힘들어.

- Come on, **stop complaining**. There are many people who are worse off than you.
  야, 불평 그만해. 너보다 더 살기 힘든 사람도 많다고.

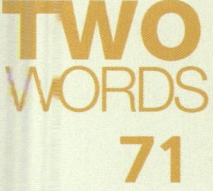

Suit yourself
네 맘대로 해

- I'm feeling ill tonight. I don't want to go to the party.
  오늘밤에 몸이 좀 안 좋아. 파티에 가고 싶지 않아.

- **Suit yourself.** I'm going anyway. 맘대로 해. 어쨌든 난 갈 거니까.

- I wanted to buy the red dress, but I settled for the blue one.
  빨간 드레스를 사고 싶었지만, 파란 거에 만족했어.

- OK, **suit yourself**. I still think the red one was nicer.
  그래, 네 맘이지 뭐. 난 그래도 빨간 게 더 나았던 거 같지만.

- I can't decide which restaurant to pick. 어떤 식당을 골라야 할지 결정을 못하겠어.

- **Suit yourself.** I'll go with whatever you want.
  맘대로 해. 네가 가고 싶은 데면 아무데나 따라갈 테니까.

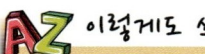 이렇게도 쓰여요!

★ **It's your choice.**
네가 골라. / 네 맘대로 선택해.

★ **It's up to you.**
네 결정에 달렸어. / 네가 알아서 해.

★ **Whatever you want.**
원하는 대로 해. / 네 맘대로 해.

★ **Have it your way.**
좋을 대로 해. / 네 맘대로 해.

 알아두세요!

Suit yourself.는 대개 '난 더 이상 얘기하고 싶지 않으니까 네가 원하는 대로 해라, 난 아무래도 상관없다'는 의미로 사용됩니다.
하지만 세 번째 대화에서처럼 정말로 '네가 원하는 대로 해. 내가 지원해 줄게'라는 의미로도 쓰이죠.
Suit yourself.를 It suits you.와 혼동하지 않도록 하세요. **It suits you.**는 무언가가 상대의 개성이나 외모에 잘 어울린다고 할 때 쓰는 표현이에요.

- Do you like my new skirt? 내 새 스커트 괜찮니?
- Yeah, **it suits you.** 응. 너한테 잘 어울려.

- I think **it would suit you** to have short hair.
  짧은 머리가 너한테 어울릴 것 같아.

TWO WORDS 72

Take care
조심하다 / 돌보다 / 맡다, 처리하다

- I'll see you tomorrow! 내일 보자!
- **Take care!** 조심히 잘가!

- **Take care of** your health, especially in winter.
  건강 잘 챙기렴, 특히 겨울엔.

- **Take care not to** step on the flowers.
  꽃을 밟지 않도록 조심하세요.

이렇게도 쓰여요!

- Please **take care** of my bag while I go to the ladies' room.
  화장실 갔다 올 동안 내 가방 좀 봐줘.

- There's a weird guy that follows me home from work.
  회사에서 집까지 이상한 남자가 따라왔어.
- Don't worry, I'll **take care** of him.
  걱정 마. 내가 그 남자를 처리할게.

알아두세요!

take care는 매우 유연하게 쓰이는 표현입니다. 지금 공부한 대화 5개 속에서 쓰인 의미와 강조하는 바가 모두 다르죠.

❶ **a general expression of concern or affection.**
걱정이나 애정을 드러내는 일반적인 표현

❷ **be careful, show care for something**
~을 조심하다. 주의하다

❸ **pay special attention to something**
~에 특별히 주의를 기울이다

❹ **to look after or protect something**
~을 돌보다. 보호하다

❺ **to handle or deal with something**
~을 다루다. 처리하다

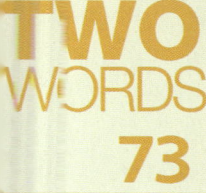

That's all

그게 다예요, 다 됐습니다, 이상입니다

- I'll have a cheeseburger and fries.
  치즈버거랑 감자튀김 주세요.

- Anything else?
  다른 건요?

- No, **that's all**.
  없습니다. 그게 다예요.

- Are you sure we remembered all the bags and suitcases?
  우리가 가방이랑 여행가방을 전부 다 기억했다고 확신해?

- Yes, **that's all of them**.
  응. 그게 전부 단데 뭘.

- Ok class, **that's all for now**. Next week, we'll continue our studies from here.
  자 여러분, 이상입니다. 다음주엔 여기서부터 수업을 계속하겠어요.

 이렇게도 쓰여요!

- … and that's how you bake a carrot cake. … 그리고 이렇게 해서 당근 케이크를 굽는 겁니다.
- **That's all?** It's so easy. 그게 다예요? 너무 쉬운데요.
- Yep, **that's all there is to it**. 넵. 이거면 다 됩니다.

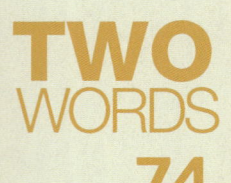

That's enough

그거면 충분해[됐어] / 고만 좀 해라, 작작 좀 해라

- How much pasta should I make? *[while measuring]*
  파스타를 얼마만큼 만들어야 해? [양을 재면서]

- **That's enough.**
  그거면 충분해.

- Should I prepare more snacks for the guests?
  손님들 다과를 좀더 준비해야 할까요?

- No, **that's enough.**
  아뇨, 그거면 충분해요.

- I only managed to read half of this book for today's class.
  오늘 수업 준비로 이 책을 겨우 반밖에 못 읽었어.

- **That's enough.** We won't be reviewing the whole book anyway.
  그거면 됐어. 아무튼 책을 전부 다 다시 훑어보지는 않을 거야.

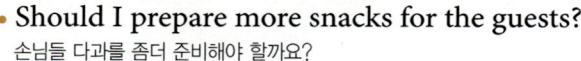

 이렇게도 쓰여요!

- My dog ate my homework. 우리 집 강아지가 제 숙제를 먹어버렸어요.
- **That's enough!** I don't want to hear any more of your lies!
  작작 좀 해라! 이제 네 거짓말 더는 듣고 싶지 않구나.

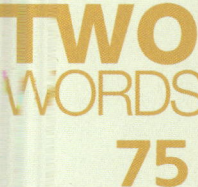

That's crazy/insane/nuts

미쳤구만, 정신 나갔구만

- I truly believe that Bigfoot exists.
  난 원인(猿人)이 존재한다고 진짜로 믿어.

- **That's crazy.**
  미쳤구만.

- My boss asked me to work overtime, and take a pay cut.
  우리 사장이 나더러 추가근무를 하라고 하고, 거기다 급여도 삭감하겠다고 했어.

- **That's insane.** You need to switch companies.
  미쳤구만. 너, 회사 옮겨야겠다.

- I will only date a man who is over 180cm.
  난 키가 180 넘는 남자랑만 사귈 거야.

- **That's just nuts.** You need to be more realistic.
  정신 나갔구나. 현실을 좀더 직시하렴.

 이렇게도 쓰여요!

- Can I put this tin foil in the microwave? 전자레인지에 이 은박지 넣어도 돼?

- **Are you nuts?** Everyone knows that microwaving metal objects is dangerous.
  너, 미쳤니? 금속 물질을 전자레인지에 넣고 돌리면 위험하단 건 사람들이 다 알고 있는 거야.

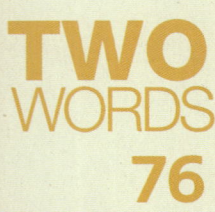

That's it

바로 그거야 / 이것으로 끝이야

- So, you mean the adjective goes before the noun?
  그러니까, 형용사는 명사 앞에 와야 한다는 얘기죠?

- **That's it!** You finally get it!
  그렇지! 이제야 이해했구나!

- **That's it!** I can't walk any further.
  끝이야! 더는 못 걷겠어.

- Our destination is right around the corner, it's not far.
  얼마안가서 우리 목적지가 있어. 멀지 않아.

- OK, **that's it** for today. Let's continue our studies next week.
  좋아요, 오늘은 이것으로 끝입니다. 다음 주에 계속하죠.

알아두세요!

뭔가 더 있을 거라고 기대했는데 끝인 거냐고 실망감을 드러내는 경우에는 **That's it?**이라고 반문할 수 있습니다. **p.125**의 **That's all?**도 이와 같은 맥락으로 실망감이나 믿을 수 없음을 드러낼 때 쓸 수 있죠.

- **That's it?** I thought this movie would be longer.
  이게 끝이야? 난 이 영화는 더 길 줄 알았는데.

- The fireworks display is over already.
  불꽃놀이는 벌써 끝났어.
- **That's all?** We paid a lot of money to see those fireworks.
  그게 끝인 거야? 저 불꽃놀이를 보려고 돈 많이 썼는데.

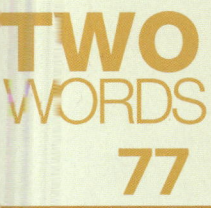

That sucks/stinks

완전 엿같다

- Can you believe my sister stole my boyfriend?!
  우리 언니가/내 동생이 내 남자친구를 빼앗았다는 게 믿어지니?!

- **That sucks!**
  완전 짜증나네!

- Sorry, you failed your TOEFL test.
  유감입니다만, 토플시험에서 낙제하셨습니다.

- **That sucks.** I spent months studying!
  빌어먹을. 몇 달을 공부한 건데!

- I'm so angry! I showed up for our after-school debate meeting, but no one told me it had been cancelled.
  너무 화나! 방과후 토론 모임에 갔는데, 아무도 모임이 취소됐다고 얘기를 안 해준 거 있지.

- **That sucks so much.** You should find a new club.
  진짜 완전 엿같다. 동아리를 새로 찾아봐.

Time's up
시간 다 됐어

- **Time's up!**
  시간 다 됐어!
- **Already?**
  벌써?
- **Yes, it's been one hour.**
  응. 1시간 됐어.

- **Time's up!** Hand in your answer sheets to the teacher.
  시간 다 됐다! 답안지를 선생님께 제출하도록.

- **Time's up** for today's lesson, I'll see you next week.
  오늘 수업은 여기까지. 다음 주에 보자.

알아두세요!

어떤 일이 끝나거나, 어떤 사람에게 주어진 기회가 다 바닥났다고 할 때 대신 쓸 수 있는 표현으로, **His/Her time is up.**이 있답니다.

- I saw Jim clearing up his desk at work today.
  오늘 회사에서 짐이 자기 책상을 싹 치우더라.
- Yeah, I think **his time's up** at this company.
  응. 그 사람, 이 회사에서의 수명이 다 된 거 같아.

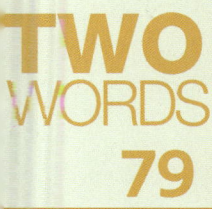

Too bad

이런, 난감하네 / 안됐네 / 아쉽네

- It looks like your golf ball went out of bounds.
  네 골프 공, 아웃오브바운드에 들어간 것 같은데.

- Ah, **too bad**… 아, 이런…

* out of bounds = OB

- Hey, you stole my parking space! 이봐요, 제 주차공간에 주차하셨어요!

- **Too bad**, I was here first! 안됐지만, 제가 여기 먼저 왔거든요!

- Last night's basketball game was amazing. I scored 23 points.
  지난밤에 농구경기 정말 끝내줬어. 내가 23점이나 득점했어.

- Sounds cool. **Too bad** I couldn't be there to see it for myself.
  이야, 죽이는데. 직접 가서 보지 못한 게 아쉽다.

 이렇게도 쓰여요!

- How are you doing these days?
  요즘 어떻게 지내?

- **Not too bad.** I can't complain.
  그다지 나쁘지 않아. 불평할 게 없어.

 알아두세요!

안됐고 애석하지만 어떻게 해줄 수 있는 일이 없을 때 그 마음을 드러내는 것이 이 표현의 주된 목적이에요. 하지만 다음과 같이 정말로 비극적인 상황이어서 좀더 진지한 표현을 해야 하는 경우에는 쓰지 않도록 하세요.

- My mother died. 엄마가 돌아가셨어.
- That's **too bad**. (X) 안됐구나.

Tough luck

재수 더럽게 없네 / 참 딱하게 됐네

- I've had a terrible morning. First I stepped in a puddle, and then a pigeon pooped on me.
  오늘 아침 완전 최악이었어. 처음엔 물웅덩이에 빠지고, 그리고 나선 비둘기가 나한테 똥을 쌌어.

- Wow, **tough luck**.
  이야, 재수 더럽게 없었네.

- I can't believe they gave the contract to another salesman. My proposal was much better!
  그 사람들이 다른 세일즈맨이랑 계약을 했다니 믿어지지가 않아. 내 제안서가 훨씬 더 좋았다구!

- **Tough luck**, but that's the way the cookie crumbles sometimes.
  참 딱하게 됐네. 하지만 세상일이란 게 이따금 그렇게 돌아가잖아.

- Anyone who is caught cheating on their exam will fail immediately. If you think that's unfair, **tough luck**.
  시험에서 부정행위를 하다 적발된 사람은 그 즉시 낙제될 것입니다. 이것이 부당하다고 생각하는 사람은 참 딱하죠.

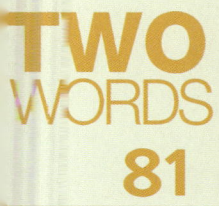

Trust me
날 믿어

- Are you sure that this is the right subway line?
  지하철 이 노선 맞는 거 확실해?

- **Trust me.**
  날 믿어.

- Be careful with those power tools. You might get hurt.
  그 전기 기구들 조심해서 다뤄. 다칠라.

- **Trust me.** I know what I'm doing.
  날 믿어. 내가 뭘 하고 있는지 잘 알고 있으니까.

- I need to let my girlfriend know that she can **trust me** in any situation.
  내 여자친구에게 어떤 상황에서건 날 믿어도 된다고 알려줄 필요가 있겠어.

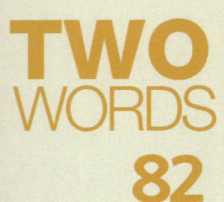

Try again

다시 해봐

- I can't complete the last level of this video game.
  이 비디오 게임의 마지막 레벨을 못 깨겠어.

- **Try again!**
  다시 해봐!

- OK, I'll try one more time.
  좋아, 한 번 더 해볼게.

- Is this the right answer?
  이게 맞는 답이야?

- Not quite, **try again**.
  딱 맞는 답은 아냐. 다시 해봐.

- The first time I tried baking a cake it tasted terrible, but I want to **try again**!
  난생 처음 케이크를 만들었을 때 진짜 맛없었는데, 다시 한 번 만들어보고 싶어!

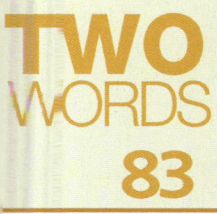

Watch out / Look out
조심해

- **Watch out!** That car almost hit you!
  조심해! 저 차가 널 칠 뻔했어!

- **Watch out when** you go outside today, the sidewalks are very slippery.
  오늘 밖에 나갈 때 조심해. 길이 되게 미끄러워.

- You have to **look out for** steep surfaces when you go hiking.
  등산갈 때 가파른 곳을 조심하도록 해.

 이렇게도 쓰여요!

- What's your opinion of Bill? He keeps contacting me after work.
  빌에 대해 어떻게 생각해요? 퇴근 후에 자꾸 나한테 연락을 해요.

- **Look out** for that guy. He has a pretty bad reputation.
  그 사람 조심하세요. 평판이 꽤 나빠요.

- OK, **I'll be on the lookout** in case he does anything strange.
  알았어요. 뭔가 이상한 짓을 할지 모르니까 조심해야겠네요.

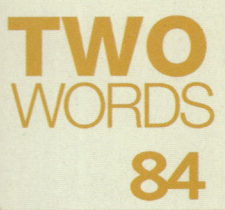

well done
잘했어

- OK, I've finished doing the dishes.
  좋았어. 설거지를 끝냈어.

- **Well done.**
  잘했어.

- Wow, that was my third big sale today.
  앗싸, 오늘 제 회사생활 세 번째로 큰 매출을 올렸어요.

- **Well done.** I'll tell the boss about how well you've done this month.
  잘했네. 이 달에 자네가 얼마나 잘하고 있는지 내가 사장님께 말해주지.

- A job **well done** is its own reward.
  잘한 일은 그 자체가 보답이다.

 이렇게도 쓰여요!

★ Good job. / Nice work. / Way to go.   잘했어, 수고했어.

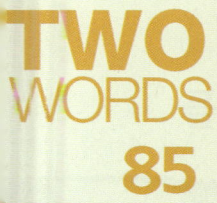

we'll see

두고 보자

- Mommy, will Santa Claus come to our house for Christmas?
  엄마, 크리스마스에 산타클로스가 우리 집에 올까요?

- **We'll see.**
  두고 보자구나.

- Do you think Debbie will show up tonight?
  데비가 오늘밤에 나타날 거라고 생각해?

- **We'll see.** She is supposed to meet us here, but she's quite forgetful. 두고 봐야지 뭐. 여기서 우릴 만나기로 되어 있긴 했지만, 워낙 잘 잊어 버리는 애니까.

- I think the new project manager will completely turn this company around.
  새로 온 프로젝트 책임자가 이 회사를 완전히 일으켜 세울 것 같아.

- Who knows? **We'll just have to wait and see.**
  누가 알겠어? 우린 그냥 두고 보자고.

- Jun-hyeok says he can beat you at arm-wrestling.
  준혁이가 팔씨름하면 너한테 이길 수 있대.

- **We'll see about that.** No one has ever beaten me yet.
  두고 봐. 아직까진 아무도 나한테 못 이겼어.

문맥에 따라 이해해야 하는 표현들

문법적으로 아무런 기능을 하지 않지만 다른 목적으로 쓰이는 단어들이 많이 있죠.
말하는 사람이 생각 중이라는 것을 나타내기 위해 문장에 잠깐의 틈을 줄 때 사용되는 군더더기 표현들 (**filler words**)도 바로 이러한 단어에 해당됩니다. 한국어에는 '응', '에', '저', '음' 등이 군더더기로 흔히 사용되는 반면, 영어에서는 **uhm**(음), **uh**(어), **er**(에) 등이 가장 흔히 쓰이는 군더더기 표현이죠.

언급한 내용이나 일반적인 상황에 대한 '감정'이 담겨 있어 문맥을 이해하는 데 중요한 실마리가 되는 단어들도 있죠. **oh**(아, 아참), **well**(음, 글쎄), **yeah**(그렇지), **then**(그럼), **you know**(저, 그러니까 말야), **I mean**(그러니까)과 같은 단어들은 허물없이 이루어지는 보통의 대화에서 사회적인 관계를 매끄럽게 형성하기 위해 말 중간에 자주 끼워 씁니다. 다음의 두 문장을 보면 그 차이를 느낄 수 있을 거예요.

- She is not a good person.
  그 여자는 좋은 사람이 아냐.

- Well, you know, she's not really a good person.
  음, 그러니까 말야. 그 여자는 정말 좋은 사람은 아냐.

첫 번째 문장은 사람을 판단한다는 느낌이 들지만, 두 번째 문장은 상대의 공감을 구하고 사람을 판단한 다는 측면은 최소화하려 한다는 느낌이 들죠. 이러한 단어들은 또한 감탄사로도 쓰이는데요, 즉 상대가 한 말에 연결점을 두기 위해 문장 처음에 붙여 쓸 수 있습니다.
상대의 말을 관심 있게 듣고 있다는 것을 잘 드러내기 위해 듣는 사람도 이와 비슷한 부류의 말을 씁니다. 이따금 의성어를 사용하기도 하고요.
이제 이런 류의 표현으로 흔히 쓰이는 한국어와 이에 걸맞는 영어 표현을 보도록 하죠. 문맥에 따라 문화 에 따라 아주 광범위하게 쓰이는 표현들이기 때문에 정확하게 딱 떨어지는 한국어와 영어의 대응은 불가 능하지만 말입니다.

- 휴우 = Phew!
- 아이쿠 = Oops
- 아! 아참! = Oh!
- 워워 = Whoa
- 그래서 = So / therefore
- 그럼 = Well / then / in that case

- 하하하, ㅋㅋㅋ = Ha ha ha / lol (laughing out loud)
- 이야! 우와! = Wow!
- 아, 안 돼! = Oh no!
- 아무튼 = Anyway / In any case / Anyhow
- 음, 글쎄 = Well / hmm

TWO WORDS 86

(Now) we're even

(이제) 다 청산됐어, 서로 빚진 거 없어

- You broke my pencil! You have to buy me a new one.
  네가 내 연필 부러뜨렸어! 새 걸로 하나 사줘.

- But you lost my pen last week.
  하지만 지난 주에 넌 내 펜을 잃어버렸잖아.

- Hmm, okay, **we're even**.
  음, 알겠어. 그럼 서로 빚진 거 없는 걸로.

- My brother finally paid me the money he owed me, so **we're even now**.
  내 남동생이 이제야 나한테 빚진 돈을 갚아서, 이제 다 청산됐어.

- Here's the last of the clothes you loaned me. Are we even now?
  이게 네가 나한테 빌려준 옷들 중 마지막이야. 이제 다 돌려받은 거지?

- Yes, **now we're even**.
  응, 이제 다 돌려줬어.

139

what else?

그밖에 또? 그밖에 다른 건?

- I'd like a hot dog and a coke.
  핫도그랑 코카콜라 주세요.

- **What else?** 그밖에 다른 건요?

- That's all. 그게 다예요.

- **What else** do I need to bring on this trip?
  이 여행에 그밖에 또 뭘 가져가야 할까?

- I think you should bring an extra pair of shoes.
  신발 한 켤레 여벌로 더 가져가면 될 것 같아.

- You need to exercise regularly.
  정기적으로 운동을 할 필요가 있으세요.

- **What else** can I do to improve my health?
  건강을 개선하기 위해서 그밖에 또 뭘 할 수 있을까요?

- I'd advise you to stop eating salty food.
  짠 음식을 그만 드시는 게 좋을 거예요.

- Julian has a plan to make easy money.
  줄리안이 돈을 쉽게 벌 계획을 하고 있어.

- **What else** is new? That guy is always up to something.
  그밖에 또 새로운 건? 그 녀석은 항상 일을 벌인단 말야.

What's that?

그게 뭐야?

- **What's that?** 그게 뭐야?

- That's the new photocopier. It just arrived this morning.
  새 복사기야. 오늘 아침에 막 도착했어.

- **What's that** over there? 저기 있는 거 뭐야?

- That's the N Seoul Tower. It's impressive, isn't it?
  N 서울 타워야. 인상적이지, 안 그래?

- I just added some new songs to my ipod.
  내 아이팟에 노래를 몇 곡 추가했어.

- **What's that?** 그게 뭔데?

- You don't know what an ipod is? It's the best MP3 player on the market.
  아이팟이 뭔지 모르니? 시중에 있는 MP3 플레이어 중에 이게 최그라구.

- MP3, **what's that?** MP3, 그건 뭔데?

이렇게도 쓰여요!

- **What's that** strange noise I hear? 지금 들리는 이상한 소음이 뭐지?

- I don't know. It sounds like it's coming from the other room.
  모르겠어. 다른 방에서 들리는 소리 같은데.

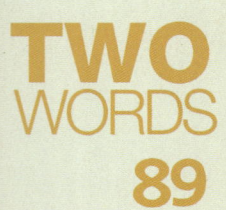

what's wrong?
왜 그래? 무슨 문제 있어?

- Ow!
  으!

- **What's wrong?**
  왜 그래?

- My stomach hurts.
  배가 아파.

- **What's wrong with** that girl? She can't stop sneezing.
  저 여자애 어디 아프니? 계속 재채기를 하네.

- Everyone is so selfish. That's **what's wrong with** people these days.
  사람들이 모두 너무 이기적이야. 그게 바로 요즘 사람들의 문제인 거지.

 알아두세요!

어떤 사람을 괴롭히는 문제가 무엇인지를 묻는 표현으로, 다음과 같은 표현도 쓸 수 있습니다.

★ What's bothering you?	왜 그래? 무슨 일 있어?
★ What's eating you?	왜 그래? 무슨 일 있어?
★ What's the matter?	무슨 문제 있어?
★ What's the problem?	무슨 문제 있어?

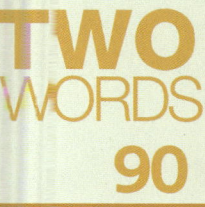

What's up?

잘 지냈어? / 무슨 일이야?

- **What's up?** 잘 지내?
- **Nothing much. Just watching TV.** 별일 없이 지내. TV나 보면서.

- **What's up with** that new student? 새로 온 저 학생 무슨 문제 있어요?
- Yeah, she seems a little strange. 네, 좀 이상한 것 같아요.

- **What's up with** all the construction work in Mapo?
  마포 공사가 전부 어떻게 되어가는 거야?
- I don't know. They're renovating a lot of old buildings, I guess.
  모르겠어. 개보수 중인 낡은 건물들이 많은 것 같아.

알아두세요!

첫 번째 대화의 **What's up?**은 안부를 묻는 **How have you been?**(어떻게 잘 지냈어?)과 같은 의미로, 보다 허물없이 쓸 수 있는 말이죠. 이처럼 허물 없이 쓸 수 있는 안부 인사에는 다음과 같은 표현들이 있습니다.

{
- **What's new?** 별일 없어?
- Same old, same old.
  맨날 똑같지 뭐.

{
- **What's cooking?** 별일 없어?
- Nothing much. Just the usual.
  별일 없어. 그냥 평소랑 같아.

하지만, 이러한 질문은 항상 대답을 바라고 하는 말은 아니랍니다. 수사적으로 하는 질문인 경우도 많고, 또는 두 번째와 세 번째 대화에서처럼 어떤 일에 대한 일반적인 상태나 상황을 물어볼 때도 사용하죠.

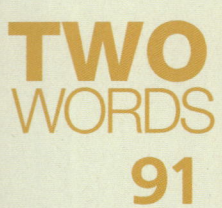

Who cares?

알게 뭐야? 누가 신경이나 쓴대?

- That guy spat on the street!
  저 사람 길에다 침을 뱉었어!

- **Who cares?**
  신경을 쓸 필요가 뭐가 있어?

- I do! It's disgusting.
  난 신경이 쓰여! 역겨워.

- **Who cares about** that guy's problems? He's always whining.
  저 사람 문제에 누가 신경이나 쓰겠어? 항상 징징대는데.

- You shouldn't spend money on gambling.
  도박에 돈을 쓰는 건 좋지 않아.

- As long as it doesn't hurt anyone, then **who cares**?
  다른 사람한테 폐가 안 된다면, 알게 뭐야?

이렇게도 쓰여요!

- I can't believe you have holes in your socks. 웬 일이니, 네 양말에 구멍이 나 있어.
- As long as you're a good person, then **who cares** what your clothes look like?
  사람만 괜찮다면, 옷 입은 게 어떻든 그런 건 알게 뭐야?

Why not?

왜? / 하는 게 어때? / 해봐!

- I don't like that new employee. 저 신입사원 마음에 안 들어.
- **Why not?** 왜?
- I don't think she's qualified for the job. 저 여자는 이 일에 자질이 없다고 생각해.

- I'm trying to figure out what's troubling my mom. She seems stressed out these days.
  엄마한테 무슨 문제가 있는지 알아봐야겠는데. 요즘 들어 스트레스를 받으시는 것 같아.
- **Why not** just ask her? 그냥 엄마한테 바로 물어보는 게 어때?

- Do you think I should bother applying for a scholarship?
  번거롭게 굳이 장학금을 신청해야 할까?
- **Why not?** It can't hurt. 해봐! 그런다고 손해 볼 건 없잖아.

알아두세요!

첫 번째 대화의 경우, Why not?은 부정문에 대한 이유를 물을 때 사용된 것입니다. 부정문이란 don't, can't, shouldn't, 또는 never, hardly, rarely와 같은 부정어를 포함한 문장을 말하죠.

{
- I think we should break up. (긍정문)
  우리 헤어져야 할 것 같아.
- Why not? (X) ➡ **Why?** 왜?
}

{
- I **don't** think we should date anymore. (부정문)
  우리 이제 그만 사귀어야 할 것 같아.
- **Why not?** 왜?
}

{
- This is my piano, but I **rarely** play it any more. 이건 내 피아노지만, 이제 난 거의 치지 않아.
- **Why not?** 왜?
}

You bet

물론이지 / 장담해

- Could you help me finish eating this cake?
  이 케이크 먹어 치우게 좀 도와줄래?

- **You bet!**
  물론이지!

- Do you like to watch soccer?
  축구 보는 거 좋아해?

- **You bet I do!**
  물론 좋아하지!

- Would you like to try some of my fried chicken?
  후라이드 치킨 좀 먹어볼래?

- **You bet I would**, I love chicken!
  물론 먹어야지. 치킨을 얼마나 좋아하는데!

 이렇게도 쓰여요!

- I heard your brother is starting his own company. 너희 형, 창업했다며.

- **You can bet your bottom dollar** he'll find a way to ruin it. That guy is terrible with money! 어떻게 해서건 망해먹을 거라고 장담해. 형은 돈 다루는 데엔 진짜 꽝이거든!

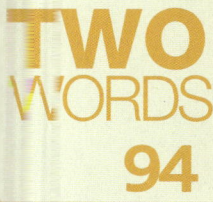

You chicken
이 겁쟁이야

- Let's try that roller coaster! 저 롤러코스터 타보자!

- The really tall one? I'm too scared. 저렇게 높은 걸? 난 너무 무서워.

- **You chicken!** 어휴, 이 겁쟁이 같으니라구!

- I don't want to go swimming. The water looks cold.
  수영하러 가기 싫어. 물이 차가워 보여.

- **You're chicken!** Just jump in! 이 겁쟁이야! 그냥 뛰어들어!

- I'm not chicken. I just hate cold water.
  난 겁쟁이가 아냐. 다만 찬 물이 싫은 것뿐이라구.

- Jeff always talks about how brave he is, but **he's such a chicken**.
  제프는 늘 자기가 얼마나 용감한지 떠들어대지만, 정말은 겁쟁이야.

 이렇게도 쓰여요!

- Mark told everyone he was going to perform at our school assembly, but he **chickened out** at the last minute.
  마크는 학생회 활동을 할 거라고 애들한테 모두 말했지만, 막판에 겁을 먹고 공무니를 뺐어.

 알아두세요!

겁을 먹거나 초조해서 안달복달하는 사람, 즉 겁쟁이를 chicken이라고 부르는데, 이것은 닭에 빗대어 나온 표현입니다. chicken은 명사나 형용사로 모두 쓸 수 있기 때문에 **You're a chicken**. 또는 **You are chicken**.이라고 말할 수 있죠.
겁쟁이를 일컫는 말 중에 동물과 관련이 없는 말로, 격식 없이 쓸 수 있는 말로는 다음과 같은 것들이 있습니다.

★ **You coward.** 이 겁쟁이 같으니라구.

★ **You sissy.** 이 계집애 같으니라구.

★ **You wuss.** 이 겁쟁이 같으니라구.

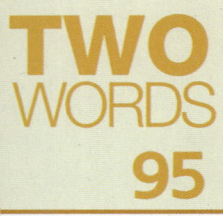

TWO WORDS 95 ▶ You idiot/fool/dummy

이 멍청아, 바보 멍청이 같으니라구

- Oh no, I've been holding the map upside down. We're lost!
  아뇨, 지도를 계속 거꾸로 들고 봤었네. 우리 길 잃었어!

- **You idiot!** 바보 멍청이같이!

- Mom, I think I've caught a cold. 엄마, 나 감기 걸린 거 같아요.

- **You fool!** Don't you know you should never go out in the cold when your hair is still wet?
  이 바보야! 머리가 아직 마르지도 않았는데 추운 데 나가면 안 된다는 거 몰랐니?

- What are you doing? 뭐 하고 있는 거야?

- I'm trying to wash this stain off my sweater.
  여기 스웨터의 얼룩을 씻어내려고.

- You should use hot water instead of cold, **you dummy**.
  찬 물 말고 뜨거운 물을 써야지, 이 바보야.

알아두세요!

이 세 가지 무례한 표현 가운데, **idiot**가 가장 흔히 쓰이는 표현입니다. **fool**은 살짝 문어체적인 느낌이 있어서 이따금 익살맞게 쓰이곤 하죠. 반면 **dummy**는 이 둘에 비해 좀더 유치한 표현으로, 애정이 살짝 담겨 있다는 어감이 드는 말이랍니다. 한바탕 비웃고 싶다면 **idiot**의 동의어를 한번 찾아보세요. 그러면 **nincompoop, knucklehead, peabrain, dipstick, schmuck** 등과 같이 우스꽝스러운 소리를 가진 단어들을 접하게 될 거예요. 물론 일상생활에서는 거의 쓰이지 않는 단어들이지만요.

TWO WORDS 96

(It's) Your choice

네가 선택해, 네 맘대로 해

- What movie do you want to see?
  어떤 영화 보고 싶어?

- **Your choice.**
  네가 골라.

- Do you want Thai food, or Vietnamese?
  타이 음식 먹을래, 베트남 음식 먹을래?

- **It's your choice.** I've eaten already.
  네가 선택해. 난 이미 밥 먹었어.

- Are you sure you don't mind going to the baseball game with me?
  정말로 나랑 야구 경기 보러 가도 괜찮겠니?

- It's your birthday, so **it's your choice**. I'll do whatever makes you happy.
  네 생일이니까, 네 맘대로 해. 네가 기뻐하는 일이라면 뭐든지 할게.

- In that case… go Dodgers!!
  그렇다면… 다저스팀 경기를 보러 가자!!

149

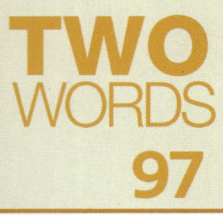

You're exaggerating
과장이 심하군

- Ow! I think I broke my knee!
  악! 무릎이 부서진 것 같아!

- **You're exaggerating.** It's just a little scrape.
  과장하긴. 살짝 긁힌 것 뿐이구만.

- I can't go into the bathroom, there's a huge spider in the shower!
  화장실에 못 들어가겠어. 샤워룸에 엄청 큰 거미가 있어.

- **You're exaggerating.** It's only a tiny daddy longlegs.
  과장이 심하구만. 고작 조그만 장님거미를 가지고.

- I've been waiting here for much too long!
  내가 여기서 얼마나 오래 기다린 지 알아?

- Don't you think **you're exaggerating**? It's only been 5 minutes.
  과장이 심하다고 생각하지 않니? 고작 5분 지났거든.

이렇게도 쓰여요!

- … and then a huge UFO came down from the sky.
  … 그리고 나선 거대한 UFO가 하늘에서 내려왔어.

- **You're lying.** That never happened. 거짓말하긴. 그런 일은 절대 일어나지 않았다구.

- OK, maybe I was exaggerating, but I'm not lying. I really did see a UFO.
  좋아, 내가 좀 과장해서 말하는 걸지도 모르지만, 거짓말하는 건 아냐. 정말로 UFO를 봤다구.

VOCABULARY

Page: p.36~150

A

a roll of toilet paper [tɔ́:ilit]	화장실 두루마리 휴지	
accidentally [æ̀ksidéntəli]	일부러 그런 것이 아니라 우연히, 사고로	
accountant [əkáuntənt]	회계사	
accuse A of -ing [əkjú:z]	A가 ~을 했다고 비난하다	
Achoo [ɑ:tʃú:]	(의성어) 재채기를 하는 소리	
adjective [ǽdʒiktiv]	형용사	
affair [əfɛ́ər]	행사, 일	
agree [əgrí:]	동의하다	
alphabetize [ǽlfəbətàiz]	알파벳 순으로 정리하다	
anniversary [æ̀nəvə́:rsəri]	기념일. 여기서는 남자와 여자가 만나서 처음으로 데이트한 날을 뜻함.	
apply for [əplái]	~에 지원하다	
approach [əpróutʃ]	접근 방법	
arm-wrestling [á:rmréslɪŋ]	팔씨름	
assignment [əsáinmənt]	숙제, 과제	
awful [ɔ́:fəl]	끔찍한, 형편없는	

B

bad excuse [ikskjú:s]	궁색한 변명	
bad language [lǽŋgwidʒ]	욕설	
barely [bɛ́ərli]	간신히, 가까스로	
be ashamed of [əʃéimd]	~이 수치스럽다, 부끄럽다	
be qualified for [kwáləfàid]	~에 대한 자격을 갖추다	
be satisfied with [sǽtisfàid]	~으로 만족하다	
be scared of [skɛərd]	~을 두려워하다	
be supposed + to 부정사 [səpóuzd]	~을 하기로 되어 있다	
be terrified of [térəfàid]	~이 끔찍할 정도로 무섭다	
Beats me [bi:t]	나도 몰라	
	'때리다'라는 뜻을 가진 beat의 숙어표현인 Beats me.는 It beats me.의 줄임말이다. '그것이 나를 때린다'는 것은 결국 '나도 모르겠다'는 의미	
bee sting [bi: stɪŋ]	벌이 쏜 것	
beforehand [bifɔ́:rhænd]	미리	
bestsellers list	베스트셀러 목록	
Bigfoot [bígfùt]	북미 서부에 살고 있는 것으로 여겨지는 온몸이 털로 덮인 원숭이	
biology [baiάlədʒi]	생물학	
biology exam	생물학 시험	
blanket [blǽŋkit]	담요	
bless [bles]	(신이) 축복하다	
bored [bɔ:rd]	지루해진	
boring [bɔ́:rɪŋ]	지루하게 만드는	
bother [báðər]	귀찮게 하다	
break all records [rikɔ́:rd]	기록을 모두 깨다	

151

VOCABULARY

breathe [bri:ð]	숨을 쉬다, 호흡하다
buzz around [bʌz]	(파리나 벌 등이) 윙윙거리며 돌아다니다

C

calm down [kɑ:m]	진정하다
carefully [kɛ́ərfəli]	조심스럽게
casual [kǽʒjuəl]	일상적인, 비공식적인
charity [tʃǽrəti]	자선사업, 자선단체
check-up [tʃékʌp]	건강검진
cheer [tʃiər]	응원하다, 기운을 차리게 해주다
cheer someone up	~를 북돋우다
choke on [ʃouk ən]	~이 목에 걸려 질식하다
Civil War [sívəl wɔ:r]	미국 남북전쟁
client [kláiənt]	의뢰인, 고객
come out / be release [rilí:sd]	개봉되다
commemorate [kəmémərèit]	기념하다
common [kámən]	흔한
competition [kàmpitíʃən]	경기, 대회
complicated [kámpləkèitid]	복잡한
concentrate [kánsəntrèit]	정신을 집중하다
condition [kəndíʃən]	상황, 조건
connection [kənékʃən]	전화연결 상태
construction [kənstrʌ́kʃən]	건설
continue [kəntínju(:)]	계속하다
convince [kənvíns]	설득시키다
cough [kɔ(:)f]	기침
coward [káuərd]	겁쟁이
cram [kræm]	벼락치기 공부를 하다
cross the street	길을 건너다
current [kə́:rənt]	현재 있는

D

daddy longleg [dǽdi lɔ:ŋleg]	장님거미
dare [dɛər]	감히 ~을 하다
debate [dibéit]	토론
decent [dí:sənt]	괜찮은, 제대로 된
decision [disíʒən]	결정
definitely [défənitli]	반드시, 꼭
demand [dimǽnd]	요구
describe [diskráib]	표현하다, 묘사하다
deserve [dizə́:rv]	~을 받을 만한 자격이 있다
destination [dèstənéiʃən]	목적지

VOCABULARY

disagree [dìsəgríː]	의견이 다르다, 동의하지 않다
disgusting [disgʌ́stiŋ]	역겨운
Do I have your word that ~	나에게 ~하겠다고 약속하니?
do the dishes	설거지를 하다
donate [dóuneit]	기부하다
dummy [dʌ́mi]	바보, 멍청이

E

eating disorder [disɔ́ːrdər]	섭식장애, 거식증
elder [éldər]	나이든 사람, 어르신
electric fence [iléktrik féns]	전기 철조망
embarrass [imbǽrəs]	창피하게 만들다, 쪽팔리게 하다
embarrassing [imbǽrəsiŋ]	창피한
emphasis [émfəsis]	강조
employee [implɔiíː]	직원
enough [inʌ́f]	충분한
exaggerate [igzǽdʒərèit]	과장하다
expensive [ikspénsiv]	비싼

F

face the truth	진실을 직시하다
fail [feil]	~을 실패하다, ~에 낙제하다
fart [fɑːrt]	방귀를 뀌다
favorite [féivərit]	제일 좋아하는 것
fed [fed]	feed(먹이다)의 과거, 과거분사형
feed a dog	강아지에게 먹이[사료]를 주다
figure out [fígjər]	이해하다
finally [fáinəli]	드디어
finals [fáinlz]	결승전
fireworks [fáiərwərks]	불꽃놀이
flirt [fləːrt]	꼬리치는 여자, 바람둥이 여자
fool [fuːl]	바보
frequency [fríːkwənsi]	빈도
furious [fjú(ː)əriəs]	엄청나게 화가 난
further [fə́ːrðər]	더 멀리

G

get accepted [əkséptid]	받아들여지다, 입학되다
give someone a thumbs up [θʌms]	~에게 승인해주다, 결제해주다, 칭찬해주다
go out with	~와 사귀다, ~와 외출하다
government [gʌ́vərnmənt]	정부
groceries [gróusəriz]	식품

VOCABULARY

H

hallway [hɔ́:lwèi]		복도
hate [heit]		증오하다, 아주 싫어하다
head for		~로 가다, ~를 향해 가다
heating [hí:tiŋ]		난방
hiccup [híkʌp]		딸꾹질
homeless [hóumlis]		노숙자
hospitality [hàspitǽləti]		환대
housewarming [háuswɔ̀:rmiŋ]		집들이
hurt [hə:rt]		피해를 주다

I-L

idiot [ídiət]		백치, 멍청이
impressive [imprésiv]		인상적인, 굉장한
individual [ìndəvídʒuəl]		개별적인, 개인적인
injure [índʒər]		다치게 하다
insane [inséin]		제정신이 아닌
IRS		미국 국세청(Internal Revenue Service)
jar [dʒɑ:r]		단지
jerk [dʒə:rk]		쪼다, 머저리
job interview		취업 면접
jury [dʒú(:)əri]		배심원단
kiddo [kídou]		(어른들이 아이를 부를 때 사용하는 호칭) 얘야
lid [lid]		뚜껑

M-O

make yourself at home		자기 집처럼 편하게 있으세요.
mark [mɑ:rk]		나타내다, 기념하다
microwave [máikrəwèiv]		전자레인지, ~을 전자레인지에 넣고 작동시키다
millionaire [mìljənɛ́ər]		백만장자, 부자
misquote [miskwóut]		잘못 인용하다
mosquito [məskí:tou]		모기
napkin [nǽpkin]		종이수건, 휴지
naughty [nɔ́:ti]		장난꾸러기인, 못된 짓을 하는
negation [nigéiʃən]		부정, 부정어
neighborhood [néibərhùd]		동네, 지역, 아웃
nervous [nə́:rvəs]		초조한, 긴장한, 불안한
nuts [nʌts]		정신이 나간
obvious [ábviəs]		자명한, 명백한
out of gas [gæs]		(차에) 기름이 떨어진
owe them taxes [tǽksiz]		세금을 내야 하다 (여기서 them은 앞서 언급된 IRS를 받는 대명사)

VOCABULARY

P

participate in [pa:rtísəpèit]	~에 참여하다
patient [péiʃənt]	인내심이 있는
perform [pərfɔ́:rm]	일을 제대로 하다, 공연하다
performer [pərfɔ́:rmər]	공연자(가수, 연주자, 배우 등 무대에서 공연하는 사람)
permission [pərmíʃən]	허락
photocopying machine	복사기
pierce [piərs]	뚫다, 피어싱을 하다
pigeon [pídʒən]	비둘기
pirouette [pìru(:)ét]	피루엣 (발레에서 한 쪽 발로 서서 빠르게 도는 것)
poop [pu:p]	(비속어) 똥을 싸다
position [pəzíʃən]	직책, 일자리
pour in	쏟아져 들어오다
pour [pɔ:r]	붓다, 따르다
pregnant [prégnənt]	임신한
prepare [pripɛ́ər]	준비하다
priceless [práislis]	값을 매길 수 없을 정도로 귀한
privacy [práivəsi]	사생활
private [práivit]	사적인
proud [praud]	자랑스러운, 뿌듯한
prove [pru:v]	증명하다
puddle [pʌ́dl]	웅덩이
pyramid scheme [pírəmìd ski:m]	다단계 판매

Q-R

quite [kwait]	꽤
raise [reiz]	봉급인상
rarely [rɛ́ərli]	좀처럼 ~하지 않는
realistic [rì(:)əlístik]	현실적인
reasonable [rí:zənəbl]	값이 적당한, 싼, 이성적인, 논리적인
reckless [réklis]	무모한
recognize [rékəgnàiz]	알아보다, 인식하다
rehearsal [rihə́:rsəl]	연극, 연주회 등의 최종연습
renewable [rinjú:bl]	재생할 수 있는
renewable energy	재생 에너지
renovate [rénəvèit]	수리하다, 보수하다
reputation [rèpjə(:)téiʃən]	평판
request [rikwést]	요청
respectful [rispéktfəl]	존경심을 갖는
review [rivjú:]	검토하다
rib [rib]	갈비뼈
ridiculous [ridíkjuləs]	어처구니없는, 말도 안 되는

VOCABULARY

robbery [rábəri]   강도 사건
ruin [rú(:)in]   망치다

S

school assembly [əsémbli]   학생회
scrape [skreip]   찰과상, 긁힌 상처
screwdriver [skrú:dràivər]   드라이버
seats available [əvéiləbl]   이용할 수 있는 좌석
selfish [sélfiʃ]   이기적인
serious [sí(:)əriəs]   진심인, 진지한
seriously [sí(:)əriəsli]   심각하게, 진지하게
shoelaces [ʃu:leis]   신발 끈
shout [ʃaut]   소리를 지르다
sissy [sísi]   계집애 같은 사내
slice [slais]   조각
sneeze [sni:z]   재채기하다
solution [səljú:ʃən]   해결책
spat [spæt]   spit(침을 뱉다)의 과거형
spill [spil]   ~을 쏟다
split [split]   나누다
spray (repellent)   스프레이 (방충제)
stain [stein]   얼룩, 자국
steep [sti:p]   가파른
still going strong   여전히 탄탄하게 돌아가는
stink [stiŋk]   고약한 냄새가 나다
                 That stinks는 '완전 엿같다'는 의미의 비속한 숙어표현

stomach [stʌ́mək]   위장, 배
strict [strikt]   엄격한, 깐깐한
stubborn [stʌ́bərn]   완고한, 고집이 센
suck [sʌk]   빨다
suitcase [sú:tkèis]   여행가방
sulk [sʌlk]   시무룩하다, 찌무룩하다
surface [sə́:rfis]   표면
surfing [sə́:rfiŋ]   파도타기, 서핑

VOCABULARY

T

tacky [tǽki]	취향이 저급인
take a pay cut	급여를 삭감하다
term paper [tə:rm]	기말 리포트
terrible [térəbl]	끔찍한
That's the way the cookie crumbles. [kúki krʌmbl]	cookie는 '과자,' crumble은 '부서지다'라는 뜻. 직역하면 '그 것이 과자가 부서지는 방법이다'이지만, '세상일이란 게 원래 그런 거잖아'라는 의미의 속담.
the Battle of Gettysburg [bǽtl gétizbə̀:rg]	게티스버그 전투. 게티스버그는 펜실베이니아 주의 도시로 1863년 7월에 남북전쟁의 중 요한 전투가 벌어진 곳이다. 북군은 이 전투에서 승리하여 남북전쟁의 승기를 잡았다.
the college of your choice	네가 지원한 대학
thoughtful [θɔ́:tfəl]	사려 깊은, 생각이 깊은
thumbs up	'잘했다'고 엄지손가락을 들어올린다는 뜻에서, 어떤 일을 '승인 하거나 결제한다'는 뜻으로 발전한 것
tin foil [tin fɔil]	은박지
TOEFL	토플시험 Test of English as a Foreign Language: 미국 대학 입학 자격을 얻기 위한 영어 능력 평가
toothpick [tú:θpìk]	이쑤시개
tournament [túərnəmənt]	토너먼트 대회
trailer [tréilər]	예고편

U-Y

UFO	미확인비행물체(Unidentified Flying Object), 비행접시
unattractive [ʌ̀nətrǽktiv]	매력이 없는, 끌리지 않는
unreasonable [ʌnríːzənəbl]	비이성적인, 비논리적인
useless [júːslis]	쓸데없는
wanna [wánə]	want to의 구어체 표현
wasp [wɑsp]	말벌
whine [hwain]	징징거리다
wonder [wʌ́ndər]	놀라운 일
worse off	더 궁색한
wrote [rout]	write(쓰다)의 과거형
wuss [wus]	쪼다, 겁쟁이
you can't win 'em all	무엇이든 다 잘 할 수는 없다, 누구든 다 이길 수는 없다, 이길 때 도 있고 질 때도 있다 등의 의미를 나타내는 속담 'em은 them을 소리 나는 대로 표기한 것
your own fault [fɔ:lt]	전적으로 네 잘못

BONUS Page — 열두 번째 이야기
전화 대화

전화 통화 시에 쓸 수 있는 정해진 표현들을 몇 가지 보도록 하겠습니다.

- **Who's calling? (when answering the phone)**
  누구세요? (전화 받을 때 쓰는 표현)

  - Hello, is this Juan?
    여보세요. 쥬앙이니?
  - Yes. **Who's calling?**
    그런데요. 누구시죠?
  - This is Brian.
    나, 브라이언이야.
  - Brian! Good to hear from you!
    브라이언! 반갑다 야!

  - Someone's on the phone for you.
    받아. 당신 전화야.
  - **Who's calling?**
    누군데?
  - I think it's your mother.
    당신 어머니이신거 같아.

  - It's 2 a.m. **Who's calling** at such an hour?
    새벽 2시잖아. 이 시간에 누가 전화한 거야?

- Speaking (when answering the phone)
  접니다 (전화 받을 때 쓰는 표현)

  { • Is this President Ahn?
     안 사장님이세요?
  { • **Speaking.**
     접니다.

  { • I'd like to talk to Mary Smith in sales.
     영업부의 메리 스미스와 통화하고 싶은데요.
  { • **Speaking.**
     접니다.

  { • Glenn Jacobs **speaking**, how may I help you?
     글렌 제이콥스입니다. 어떻게 도와드릴까요?

- Speak up
  크게 말씀해 주세요

  { • Hello, this is Ms. Lee calling.
     여보세요, 저는 미즈 리라고 하는데요.
  { • **Speak up** please. The reception is bad.
     크게 말씀해 주세요. 수신 상태가 좋지가 않아서요.

  { • Remember to **speak up** when you are giving a speech in front of a large crowd.
     대규모 군중 앞에서 연설할 때는 큰 소리로 말해야 한다는 걸 명심해.

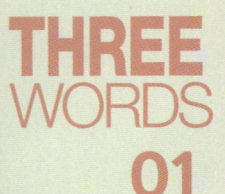

By the way

그건 그렇고, 그런데

- **By the way**, I noticed we were out of orange juice, so I bought a new one from the supermarket.
  그건 그렇고, 오렌지 주스가 바닥났길래 슈퍼마켓에서 새로 사다놨어.

- Okay dad, I'm going out now. Oh, **by the way**, can I have some extra money for tonight?
  알았어요 아빠, 저 지금 나가요. 아참, 그런데 오늘밤에 돈 좀 주시면 안 돼요?

- It's fun going through our old yearbooks.
  옛날 졸업앨범들을 죽 훑어보니까 재미있다.

- Oh, **by the way**, that reminds me. I met Mr. Hansen the other day. Can you believe he's still working at the school?
  아참, 그건 그렇고, 그러고 보니까 생각나네. 요전 날 한센 선생님을 만났어. 아직도 학교에서 근무하고 계신다는 게 믿기니?

알아두세요!

이 표현은 추가로 화제를 꺼낼 때 쓰이는데요, 특히 그렇게 중요하지는 않은 얘기를 꺼낼 때 쓰인답니다. 어떤 얘기를 단도직입적으로 바로 꺼내지 않고, **By the way**로 문장을 시작하면 뒤이어 언급되는 말이 곁다리로 든 생각이라는 인상을 주어, 말이 보다 부드럽고 덜 단정적으로 들리게 됩니다. **In my opinion**(제 생각에는), **From what I've heard**(제가 들은 바로는), **As far as I know**(제가 알기론)와 같이 언급하는 말의 영향력을 줄이기 위해 사용되는 이러한 표현들을 언어학에서는 **hedges**(이것도 저것도 아니고 애매하게 걸친 표현)라고 하죠.

THREE WORDS 02

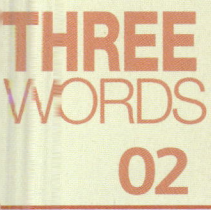

check it out
봐, 확인해봐

- **Check it out!** You can see that girl's underwear!
  저거 좀 봐! 저 여자 속옷 보여!

- There's a new band playing in Hongdae tonight.
  오늘밤 홍대에서 새 밴드가 연주를 할 거래.

- Cool. **Let's check it out**. 멋진데. 보러 가자.

- I sent you an email last night, so please **check it out** when you have time. 어젯밤에 이메일을 보냈으니까, 시간 될 때 확인 부탁드려요.

- Have you seen the latest Song Kang-ho movie? 송강호 최신 영화 봤어?

- Not yet. I want to **check it out**, but I've been too busy with work. 아직. 보고 싶지만, 일 때문에 계속 너무 바빠.

알아두세요!

check it out과 check it은 서로 다른 표현이라는 것을 알아두세요. check it out은 처음으로 어떤 것을 보거나 어떤 것에 대해 알아본다는 의미입니다. check it은 특히 특정 정보를 찾는 경우에, 더욱 상세하게 어떤 것에 대해 점검해본다는 점을 강조하는 표현이죠.

{ - Here's your itinerary. Please **check it** to make sure what plane you will be taking. 자, 고객님의 여행 일정표입니다. 탑승하실 비행기를 반드시 확인해 주세요.

{ - The printer is broken. Please ask a repairman to **check it** and find out what's wrong. 프린트가 고장 났어요. 수리공에게 점검해보고 문제가 뭔지 봐달라고 해주세요.

THREE WORDS 03

count me in/out

나 끼워줘 / 난 빼줘

- Who is coming to the dance tonight? Min-suk?
  오늘밤 누가 댄스파티에 올 거야? 민숙이는?

- **Count me in.**
  끼워줘.

- Are you going to the school party tonight?
  오늘밤에 학교 파티에 갈 거야?

- If Min-suk is coming then **count me in**!
  민숙이가 오면 나도 끼워줘!

- Hey, wanna meet up with the guys after work?
  이봐, 퇴근 후에 그 사람들이랑 만날래?

- Nah, **count me out**. I'm too tired to go drinking tonight.
  아니, 난 빼줘. 너무 피곤해서 오늘밤엔 술 못 하겠어.

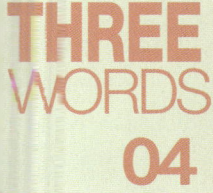

count on it

믿어도 돼, 기대해도 돼

- Are you sure you can make it here by 3?
  분명 여기 3시까지 올 수 있는 거지?

- **Count on it.**
  믿어도 돼.

- Drake is a really sincere guy. If he promises to help you out, you can always **count on it**.
  드레이크는 정말 진국이야. 그 사람이 도와주겠다고 약속했다면 항상 믿어도 돼.

- Are you still coming over tonight to help me with my homework?
  너 여전히 오늘밤에 내 숙제 도와주러 올 생각이야?

- For sure, **you can count on it**.
  그럼, 믿어도 돼.

- Alright, **I'm counting on it**, so don't let me down.
  알았어, 기대할 테니까 실망시키지 마.

 이렇게도 쓰여요!

- I need to buy a turkey for Thanksgiving. Do you think there will be any left at the supermarket?
  추수감사절에 쓸 칠면조를 사야 하는데, 슈퍼마켓에 남아 있는 게 있을 것 같니?

- **Don't count on it.** They usually sell out pretty fast.
  기대하지 마. 보통 칠면조는 꽤 빨리 다 팔리잖아.

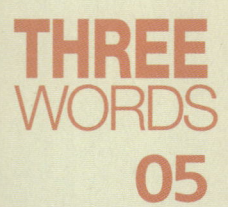

cut it out

그만 좀 해

- Teacher, the boys won't give me my pencil back.
  선생님, 남자애들이 제 연필을 안 돌려줘요.

- OK guys, **cut it out**.
  좋아 얘들아, 그만하렴.

- Wow, you really love that ice cream dessert. Make sure you don't swallow the spoon!
  이야, 그 아이스크림 디저트를 정말 좋아하는구나. 스푼까진 삼키지 마라!

- **Cut it out!** It's just a little snack.
  그만 좀 해! 그냥 가벼운 간식일 뿐이야.

- **Cut that out!** I told you I don't like being tickled.
  그만 좀 해! 간지럽히는 거 싫어한다고 했잖아.

 이렇게도 쓰여요!

- Sugar is unhealthy for you. You should **cut it out** of your diet.
  설탕은 건강에 안 좋아요. 식단에서 빼도록 하세요.

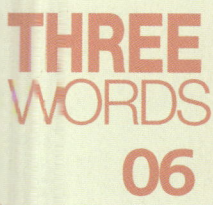

Don't be silly

바보같이 굴지 마, 바보 같은 소리 마

- I'm really scared of heights!
  난 높은 곳이 정말 무섭다구!

- **Don't be silly**, it's just an elevator.
  바보같이 굴지 마. 그냥 엘리베이터잖아.

- Are you sure your mom won't mind me eating the last piece of cake? 너희 엄마, 내가 케이크 마지막 조각을 먹어도 정말 괜찮으시대?

- **Don't be silly**, she made it especially for you.
  바보 같은 소리 마. 우리 엄마가 너를 위해 특별히 만든 거야.

- I heard you came home pretty late last night. Were you out drinking again?
  어젯밤에 집에 꽤 늦게 들어온 것 같던데. 또 밖에서 술 마신 거야?

- **Don't be silly.** I'd never drink on a school night.
  바보 같은 소리 마. 학교수업 있는 날 전날엔 절대 술 안 마셔.

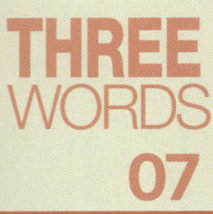

Don't give up
포기하지 마

- I don't think I can finish this race.
  이 레이스를 완주하지 못할 거 같아.
- **Don't give up!**
  포기하지 마!

- I'm so exhausted. Studying for this English test is killing me!
  완전 지쳤어. 이놈의 영어 시험 공부 때문에 죽을 지경이야!
- **Don't give up**, I have faith in you.
  포기하지 마, 난 널 믿어.

- Whenever I feel bad about my work, I always tell myself, "**Don't give up**. If you stick to it, you can do it."
  내가 하는 일에 대해 안 좋은 감정이 들 때면 난 항상 혼잣말을 해. "포기하지 마. 네가 만약 포기하지 않고 계속하면 해낼 수 있어."

stick to it/stick with it은 의미가 같은 표현으로, '~을 포기하지 말고 계속 하라'고 할 때 사용되죠.

- This guitar solo is killing my fingers, but **I'm gonna stick with it** until I can play it off by heart.
  이 기타 솔로 때문에 손가락이 아파 죽겠지만, 전부 다 외워서 연주할 수 있을 때까지 포기하지 않고 계속 연습할 거야.

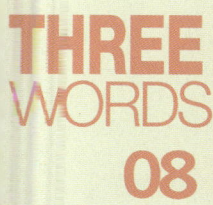

Don't mention it

별말씀을, 그런 말 마

- Thank you for looking after my apartment while I was away.
  내가 없는 동안 아파트를 잘 봐줘서 고마워.

- **Don't mention it.**
  별말씀을.

- Thanks a lot for helping me with my flat tire, mister.
  펑크 난 타이어 가는 걸 도와줘서 정말 고마워요, 선생님.

- **Don't mention it.** I'm always glad to help someone in need.
  별말씀요. 전 항상 도움이 필요한 사람을 돕는 게 기뻐요.

- I'm so grateful that you paid my rent this month. I was really desperate.
  이번 달 임대료를 내줘서 너무 고마워. 정말 절박했었는데.

- **Don't mention it**, you would do the same for me.
  그런 말 마, 너라도 똑같이 했을 거면서.

알아두세요!

예의상 행동 뒤에 숨은 노력이나 중요성을 낮춰 말한다는 면에서 **It was nothing.**(별거 아녔어)이나 **No problem.**(별거 아냐, 문제없어)도 비슷한 표현으로 허물없이 쓸 수 있습니다.

THREE WORDS 09 ▶ Don't touch that/it

만지지 마

- That zit looks pretty bad. **Don't touch it!**
  그 여드름 꽤 심해 보인다. 건드리지 마!

- This cake looks delicious!
  이 케이크 진짜 맛있겠다!
- **Don't touch that!** It's not for you.
  만지지 마! 네 거 아냐.

- Wow Mom, look at all these cool toys.
  와, 엄마, 이 멋진 장난감들 좀 봐요.
- You can look, but **don't touch!**
  보는 건 좋다만, 만지진 말거라!

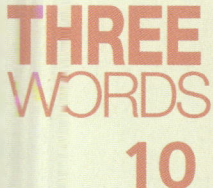

Don't you dare

그럴 생각일랑 꿈도 꾸지 마, 절대 그러지 마

- I'm thinking about quitting university to go traveling instead.
  학교 그만두고 대신 여행을 다닐까 생각 중이에요.

- **Don't you dare!**
  그럴 생각일랑 꿈도 꾸지 마!

- I'm going to tell your wife about us if you don't break up with her soon.
  당신 아내랑 곧 헤어지지 않으면, 내가 당신 아내한테 우리 관계에 대해 말할 거야.

- **Don't you dare!** Leave her out of this!
  절대 그러지 마! 그 여자는 이 문제에서 빼라구!

- I'm going out for a little while, so **don't you dare** eat my cake before I come home.
  잠깐 나갔다 올 테니까, 내가 집에 오기 전엔 절대 이 케이크 먹지 마.

알아두세요!

Don't you dare!와 **You don't dare.**에는 차이가 있습니다. **Don't you dare.**는 상대에게 특정 행동을 하지 말라고 경고조나 심지어는 협박조로 하는 말이죠. 반면 **You don't dare.**는 너무 무서워서 네가 감히 용기를 내어 그걸 하겠냐고 상대의 심기를 긁는 말이기 때문에 결국 **Don't you dare.**와는 반대의 효과를 내게 됩니다. (**How dare you!**를 참조해 보세요.)

- I'm gonna go bungeejumping. 난 번지 점프하러 갈 거야.
- **You don't dare.** 네가 감히 어떻게 그걸 하겠니. 하지 마.
- I'll prove you wrong. 네가 틀렸다는 걸 보여주지.

THREE WORDS 11

Easy does it

조심해서 살살 해, 쉬엄쉬엄 해

- I'm gonna take a break now. I'll finish the report tomorrow.
  이제 좀 쉬어야겠어. 보고서는 내일 끝낼 테야.

- Ok. **Easy does it**.
  좋아. 쉬엄쉬엄 하자고.

- My keys, my bag, my wallet… do I have everything?
  내 열쇠, 가방, 지갑… 전부 다 챙겼나?

- **Easy does it.** Take your time. We're not in a hurry.
  살살 해. 시간을 갖고. 서두를 필요 없어.

- When I say "go", we'll lift this heavy box.
  내가 "go" 하면, 이 무거운 상자를 드는 거야.

- **Easy does it.** Don't hurt yourself.
  조심해서 살살 다뤄. 다치지 말고.

170 THOMAS & ANDERS': Easy, Everyday English

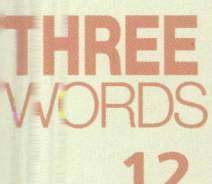

Enjoy your trip
즐거운 여행을 보내

- It's 6 o'clock and I'm off on vacation now.
  6시다. 난 이제 휴가 떠나.
- **Enjoy your trip!**
  즐거운 여행을 보내!

- Goodbye, I hope you **enjoy your trip** to America!
  안녕, 미국 여행 잘하길 바래!

- Son, even though I want you to **enjoy your trip**, don't forget that you're there to study, not party.
  아들, 네가 여행을 즐겼으면 하는 바람이긴 하지만, 파티가 아니라 공부하러 거기 간다는 사실은 잊지 마.
- Come on Mom, can't you just let me **enjoy my trip**?
  왜 이래요, 엄마. 그냥 여행 좀 즐기게 두면 안 돼요?

 알아두세요!

이 표현은 다음과 같이 다른 명사들과 어울려 쓰일 수 있어요.

★ Enjoy your meal!	식사 맛있게 하세요.
★ Enjoy your vacation!	즐거운 휴가 보내세요.
★ Enjoy the view!	전망을 즐기세요.
★ Enjoy the show!	공연 재미있게 보세요.

Get over it/yourself/him

그만 잊어, 훌훌 털어버려

- It's unfair. Everyone is always picking on me.
  이건 불공평해. 모든 사람들이 늘 나를 괴롭혀.

- **Get over yourself!**
  그만 훌훌 털어버려!

- Remember the time I won first place in the fishing competition?
  내가 낚시 대회에서 1등 했던 때를 기억하니?

- **Get over it**, Grandpa. That was 20 years ago.
  연연하지 마세요, 할아버지. 그건 20년 전이었잖아요.

- Even though we broke up 6 months ago, I'm still in love with Harris. 우린 6개월 전에 헤어졌지만 난 아직 해리스를 사랑해.

- You have to **get over him** and move on with your life.
  너 그만 그 사람 잊고 네 삶을 살아.

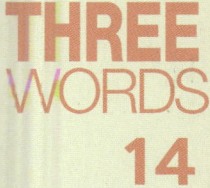

Good for you
잘됐다

- I've recovered from my cold.
  감기 다 나왔어.

- **Good for you.**
  잘됐다.

- Heather and I finally decided to tie the knot.
  헤더와 나, 결국 결혼하기로 결정했어.

- **Good for you.** I'm really happy for you.
  잘됐다. 내가 정말 기쁘네.

- Did I tell you I got a scholarship to study at MIT?
  내가 말했나? 나, 장학금 받고 MIT에서 공부하게 됐어.

- **Good for you.** It's about time someone acknowledged your talent.
  잘됐다. 이제야 네 재능을 알아봐주는 사람이 나타났구나.

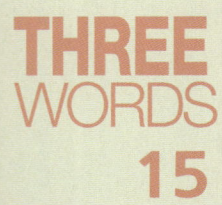

Have a seat / Take a seat

앉으세요

- Mr. Choi, this is Mr. Park, the chairman of Daegu Motors.
  미스터 최, 여긴 대구 모터스의 회장, 미스터 박입니다.

- Welcome, **have a seat**.
  어서 오세요. 앉으시죠.

- I'm so glad you invited me over for dinner.
  저녁식사에 초대해 주셔서 너무 기쁩니다.

- The food will be done in a second. In the meantime, **have a seat** and make yourself at home.
  곧 음식이 다 준비될 겁니다. 그 사이 앉으셔서 편하게 있으세요.

- I have an appointment for/at 5 o'clock.
  5시에 예약이 되어 있습니다.

- Yes, Dr. Williams will see you shortly. Please **take a seat** in the waiting room.
  네, 윌리엄스 선생님께서 곧 봐주실 겁니다. 대기실에 앉아계세요.

알아두세요!

이 표현은 초대해놓고 앉으라고 할 때 사용됩니다. 하지만 앉는 동작 자체를 설명할 때는 사용하지 않는답니다.

- He got on the subway and had a seat. (X)
- He got on the subway and **sat down**. (O)
  그 남자는 지하철에 타서 자리에 앉았다.

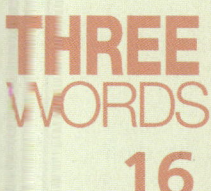

He's all talk

그 사람은 늘 말뿐이야, 말만 그렇게 해

- I swear I'm going to ask Suzie out.
  수지한테 데이트 신청하겠다고 맹세해.

- Ha, **you're all talk**!
  하, 넌 항상 말뿐이야!

- I hear Dong-ah is a real lady's man.
  동아는 여자애들이랑 진짜 잘 노는 남자라던데.

- Don't believe a word of it. **He's all talk.**
  그 말 믿지 마. 그 애는 말만 그래.

- I'm really nervous about starting this new job. I hear the boss is tough.
  새 일을 시작하려니 정말 긴장되네요. 사장님이 까다롭다던데요.

- Mr. Kim? Don't worry about him, **he's all talk**. Most of the time his secretary does all the work for him.
  김 사장님이요? 그 분이라면 걱정 마요. 말만 그렇고, 대부분 비서가 사장 대신 그 일을 전부 해요.

- That's what I'm worried about ... I'm the new secretary!
  제가 걱정하는 게 바로 그거예요… 제가 새 비서거든요!

 이렇게도 쓰여요!

- I always complain about wanting to quit my job, but when it comes down to it, **I'm all talk and no action.**
  난 늘 일을 그만두고 싶다고 불평하지만, 그 문제에 부딪히면 항상 말뿐이지 실행에 옮기진 못해.

THREE WORDS 17

 Here you go

자, 여기 있어 / 여기다('찾았다'는 의미) / 갑니다('시작합니다'라는 의미)

- May I have your business card please?
  명함 하나 받을 수 있을까요?
- **Here you go.**
  자, 여기 있습니다.

- Was there any mail for me this morning?
  오늘 아침에 내 앞으로 온 우편물 있어요?
- Just this one bill from the power company. **Here you go.**
  전력회사에서 이 청구서 한 장 달랑 왔어요. 여기 있어요.

- Hurry up, the new soap is on soon and I don't want to miss the first episode.
  서둘러, 곧 새 연속극 시작해. 첫 화를 놓치고 싶지 않다구.
- Hold on, I can't seem to find the channel. Ah, **here we go**.
  잠깐만, 채널을 못 찾겠는걸. 아, 여기다.

 이렇게도 쓰여요!

- Is the band ready? Ok, **here we go**. 1... 2... 3...
  밴드 준비됐나요? 좋아요, 갑니다. 원… 투… 쓰리…

 알아두세요!

물건을 건네주면서 '자, 여기요'란 뜻으로 쓸 수 있는 표현에는 **Here you are.**와 **There you go.**도 있습니다.

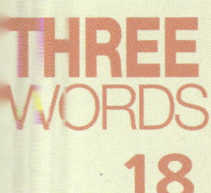

How are you? / How's it going?
잘 지내니? 잘 돌아가니?

- Hey, **how are you**?
  야, 잘 지내니?

- I'm fine, thanks for asking. And you?
  잘 지내. 물어봐줘서 고마워. 근데 넌?

- **How are you** this morning?
  오늘 아침 컨디션 어때?

- I'm doing good, and you?
  좋아, 넌?

- I'm good too, thanks.
  나도 좋아. 고마워.

- Hey Alex, I haven't seen you since university. **How's it going**?
  안녕, 알렉스. 대학 이후로 널 못 봤구나. 어떻게 지냈어?

- Pretty good. I'm married and have a nice job, so I can't complain.
  잘 지냈어. 결혼도 했고, 괜찮은 직장도 다니고, 그래서 불평할 게 없어.

 이렇게도 쓰여요!

- **How's it going** with your new company? 너희 새 회사는 잘 돌아가니?
- It's been a little tough because of the recession, but I'm hanging in there.
  경기 침체 때문에 조금 힘든 상황이야. 그러나 난 잘 견디고 있어.

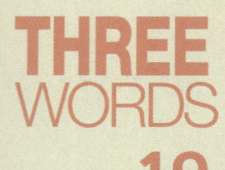

How dare you?

당신이 어떻게 감히?

- Hey baby, why don't you come home with me tonight?
  이봐 자기야, 오늘밤 나랑 우리 집에 갈래?

- **How dare you?** What kind of girl do you think I am? *[slap]*
  당신이 어떻게 감히? 내가 어떤 여자라고 생각한 거지? [찰싹]

- I used your computer to write a few emails.
  네 컴퓨터로 이메일 몇 통 썼어.

- **How dare you!** Don't touch my things without asking me first.
  네가 감히! 먼저 나한테 물어보고 내 물건 건드리라고.

- Mr. Park, I'm tired of the way you treat your employees.
  박씨, 당신이 직원들 다루는 방식에 질렸어.

- **How dare you** speak to me like that? You'd better change your tone if you want to keep your job!
  어떻게 감히 당신이 나한테 그렇게 말하지? 계속 일하고 싶으면 말투를 바꿔!

I appreciate it / I'd appreciate it
정말 고맙습니다 / 그래 주시면 고맙죠

- Sir, do you want me to wrap the present for you?
  손님, 선물 포장해드릴까요?
- **I'd appreciate it.** 그래 주시면 고맙겠습니다.

- I sent you the corrections you asked for this morning.
  오늘 아침에 요청하신 교정본을 보냈습니다.
- Thanks, **I appreciate it.** It'll really save me a lot of time.
  정말 고맙습니다. 덕분에 제 시간이 많이 절약되겠어요.

- I spent all night preparing this great meal, and you haven't said a thing.
  이 멋진 식사를 준비하느라 밤을 샜는데, 어떻게 한 마디 말도 없니.
- Don't get me wrong, **I appreciate it.** I just have a lot on my mind right now.
  오해하지 마. 정말 고마워. 지금 머릿속에 생각이 많아서 그런 것뿐이야.

 이렇게도 쓰여요!

- You should spend more time with the kids. From now on, **I'd appreciate it if** you would come home earlier.
  아이들과 좀더 시간을 보내. 지금부터 집에 좀더 일찍 들어와주면 고맙겠어.

 알아두세요!

I'd appreciate it.의 I'd는 I would의 축약형이에요. 따라서 I'd appreciate it.은 앞으로 해줄 일이나, 누군가가 해주겠다고 제안한 일처럼 지금 현재는 일어나지 않은 일에 대해 감사를 전할 때 쓰인답니다. 반면, I appreciate it.은 현재 존재하는 것이나 이미 해준 일에 대해 감사를 전하는 표현이죠.

"신경 안 써" vs. "괜찮아요"

I don't care.와 I don't mind.는 어감이 비슷하게 들려서 서로 바꿔 쓸 수 있다고 생각하는 경우가 가끔 있는데요. 하지만 이 둘은 서로 다른 표현이랍니다.

- **I don't care**

  신경 안 써, 관심 없어, 상관없어

  {
  - My husband is so handsome, and very rich, and has a great management job.

    우리 남편은 정말 잘생겼지, 완전 부자지, 거기다 정말 괜찮은 관리직에서 일하지.
  - **I don't care!** Why are you telling me this?

    관심 없어! 근데 넌 왜 나한테 이런 말을 하는 거야?
  }

  {
  - I know that sports cars are very important to you, but to be honest, **I don't care about** them at all.

    스포츠카들이 너한테 정말 중요하다는 건 알겠지만, 솔직히 말하면 난 전혀 관심 없어.
  }

- **I don't mind**

  괜찮아요, 싫지 않아요

  {
  - Is it okay if I smoke here?

    여기서 담배를 펴도 괜찮을까요?
  - Sure, **I don't mind**.

    그럼요, 괜찮아요.
  }

  {
  - There's a table available near the window, but you'll have to wait for 15 minutes, sir.

    창가에 테이블이 하나 있습니다만, 15분 기다리셔야 하는데요, 손님.
  - That's okay, **I don't mind**.

    좋아요, 괜찮으니까 기다릴게요.
  }

- **I don't mind** people bringing their kids to the theater, but they should stop them from crying during the performance.
  사람들이 아이들을 극장에 데려오는 건 괜찮지만, 공연 중에 울지 않게는 해야지.
- **I don't mind it that much.** That's what children do...
  난 그것도 그렇게 싫지는 않아. 바로 아이들이니까 그러는 거잖아…

I don't care.는 어떤 일에 관심이 없다는 것을 강조하는 표현인 반면, I don't mind.는 어떤 일이 자신에게 폐가 되지 않는다는 사실을 강조하는 표현입니다. 결과적으로 I don't care.는 당면한 문제에 마치 관심이 없는 것처럼 무례하게 들릴 수 있죠. 이따금 이 두 표현의 의미가 맥락상 겹쳐서 의미 변화 없이 이 둘 중 아무거나 사용해도 되는 경우가 있답니다.

- Which seat do you prefer?
  어떤 자리가 더 좋으세요?
- **I don't care. / I don't mind.** Either seat is fine.
  상관없어요. / 괜찮아요. 아무 자리나 다 좋아요.

하지만 민감한 문제에 대해 논의를 할 때는 화자의 감정을 상하지 않게 반드시 알맞은 것을 골라 쓰도록 하세요.

- Do you think I should put my parents in a retirement home or let them move in with us?
  우리 부모를 실버타운에 사시게 해야 할까, 아니면 우리 집으로 모시고 와야 할까?
- **I don't care.**
  상관없어.
- Hey, this is important, you have to care!
  이봐, 이건 중요한 문제야. 당신이 신경써야 한다구!

따라서, 몇 가지 선택 사항 중에 어느 것이든 괜찮다고 말하고 싶을 때는 항상 I don't mind.를 써야 한다는 점을 명심하세요.

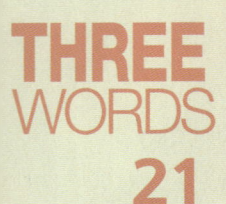

THREE WORDS 21

I can manage
(어떻게 해서든) 할 수 있어

- Are you sure you can carry all those bags by yourself?
  진짜 혼자서 그 가방을 전부 옮길 수 있겠어?

- Yeah, **I can manage**.
  응, 할 수 있어.

- That's the last straw, I'm leaving for good!
  한계야. 이제 더는 못 참겠어. 난 영원히 떠날 거야!

- Go ahead, **I can manage** without you.
  그래 가. 너 없이도 난 할 수 있어.

- As long as we have a supportive family, **we can manage** even the toughest of times.
  뒤에서 바쳐주는 가족이 있는 한, 우린 아무리 힘든 때라도 견뎌낼 수 있어요.

 이렇게도 쓰여요!

- You look so skinny. You should eat more. 너, 너무 말랐다. 좀 많이 먹어.
- I don't need to. **I can manage** on just rice and water.
  = **I can get by** on just rice and water.
  그럴 필요 없어. 밥이랑 물만 있으면 지낼 수 있어.

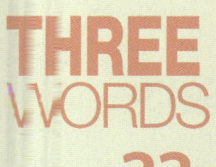

I doubt it

아닐 걸, 힘들 걸, 안 될 걸, 못 할 걸 (의숲쩍다는 어감)

- This traffic is pretty bad. Do you think we can make it to the theater on time?
  차가 너무 막히네. 우리 제시간에 극장에 도착할 수 있을까?

- **I doubt it.**
  힘들 거 같은데.

- Do you think your husband will remember your anniversary?
  너희 남편이 결혼 기념일을 기억할 것 같아?

- I hope so, but **I doubt it**.
  그러면 좋겠지만, 기억 못 할 걸.

- I wonder if our team will finally win a match tonight.
  오늘밤 우리 팀이 결국 경기에 이길까?

- **I seriously doubt it**. Two of our best players are injured.
  진짜 힘들 걸. 제일 잘 뛰는 선수 둘이 부상당했거든.

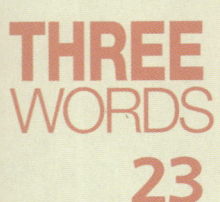

I don't know / I'm not sure

몰라요 / 잘 모르겠어요

- Who is in charge of organizing this event?
  이 행사 준비를 누가 맡고 있죠?

- **I don't know.**
  모르겠어요.

- What time does the performance start?
  공연이 몇 시에 시작해?

- **I'm not sure.** It depends on the day of the week.
  정확히는 모르겠어. 요일마다 다르거든.

- What is Kevin doing these days?
  요즘 케빈 뭐 해?

- **I'm not too sure.** Last I heard, he was traveling around Europe.
  잘 모르겠어. 마지막으로 들은 소식은 유럽을 여행하고 있다는 거였어.

 이렇게도 쓰여요!

- **I'm not sure if** this is the right road. Maybe we should stop and ask for directions.
  이 길이 맞는지 모르겠어. 잠깐 멈춰서 길을 물어봐야 할 것 같아.

 알아두세요!

I don't know.는 어떤 것에 대해 아무런 정보가 없다는 것을 나타낼 때 사용되죠. 하지만 **I'm not sure.**는 생각이나 의견이 약간 있긴 한데, 실제로 그런지 아닌지 확실치가 않다는 것을 나타내죠.

THREE WORDS 24

I feel great / It feels great
기분 너무 좋아

- Congratulations Mr. Lee, it's a beautiful baby boy!
  이 선생님. 축하드립니다. 예쁜 사내아이예요!

- Wow, **I feel great**!
  이야. 정말 기쁘네요!

- So, how does it feel to finally be on the board of directors?
  그래. 마침내 이사가 된 기분이 어때?

- **It feels great.** I've worked so hard to reach this goal and now I've made it.
  너무 좋지. 이 고지에 도달하려고 진짜 열심히 일했거든. 그리고 이제야 해낸 거지.

- It's hard work raising a family, but **I feel great** knowing that I can always count on my husband for support.
  가족을 부양하는 건 힘든 일이지만, 난 항상 남편한테 의지할 수 있다는 걸 알기 때문에 기뻐.

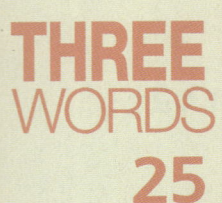

I feel sick

몸이 안 좋아 / 속이 메스꺼워, 토할 거 같아

- Eun-ah, why are you still in bed? You'll be late for work!
  은아야, 왜 아직도 누워 있니? 회사에 늦겠다.

- **I feel sick.**
  몸이 좀 안 좋아요.

- *[Burp]* **I feel sick.** Is there a bathroom around here?
  [트림을 한다] 속이 안 좋아. 근처에 화장실이 있나?

- Do you want to try that rollercoaster with me?
  나랑 저 롤러코스터 타볼래?

- No thanks. **I feel sick** just looking at it!
  아니 됐어. 보기만 해도 속이 메스꺼워!

이렇게도 쓰여요!

I feel terrible. 너무 아파, 지독하게 아파

- I heard you caught the flu. Are you okay? 독감 걸렸다며. 괜찮아?
- No, **I feel terrible**. 아니, 너무 아파.

I feel terrible for/about. 기분 더러워, 최악이야

- **I feel terrible for** saying this, but the company has decided to let you go.
  이런 말씀 드리게 되어 기분이 정말 더럽지만, 회사에서 당신을 내보내라고 결정했습니다.

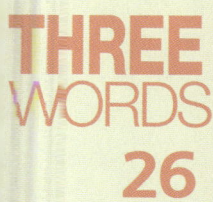

I guess so / I guess not
그런 것 같아 / 아닌 것 같아

- Is this the last stop for this subway line?
  이번이 이 지하철 노선의 종점인가요?

- **I guess so.** Everyone is getting off.
  그런 것 같아요. 사람들이 다 내리네요.

- Did your girlfriend like the homemade birthday gift you gave her?
  여자친구가 네가 직접 만들어준 생일선물을 좋아하던?

- **I guess not.** I haven't heard from her since.
  아닌 거 같아. 그때 이후로 연락이 없어.

- Explain it one more time. Are you telling me that the movie ends with everyone dying?
  한 번만 더 설명해줘. 네 말은 저 영화에서 사람들이 모두 죽는 걸로 끝난다는 거니?

- **I guess so.** I don't think I understood it properly myself.
  그런 것 같은데. 내가 그 영화를 잘 이해하지 못한 것 같기도 하고.

알아두세요!

❶ 동사 guess

- I don't know how many books we have left, so **I have to guess**.
  우리한테 책이 몇 권이나 남아있는지 몰라서, 추산해봐야 해요.

❷ I guess ~인 것 같아

- **I guess** there are enough books left. (closer in meaning to "I think")
  책이 충분히 남아 있는 것 같아요. (I think와 유사한 의미)

THREE WORDS 27

I mean it

진심이야, 진짜야

- You want to quit your studies to become a musician? Please tell me you're joking.
  음악을 한다고 공부를 그만두려는 거니? 제발 농담이라고 말해.

- **I mean it.**
  진심이야.

- Mom, this woman is the one for me. I know I've said it before, but this time **I mean it**.
  엄마, 이 여자는 내 여자예요. 전에도 이런 말씀 드린 적 있었지만, 이번엔 진짜 진심이에요.

- This painting is amazing.
  이 그림 진짜 끝내준다.

- Wow, you really mean it?
  이야, 정말 진심이니?

- Yes, **I mean it**. You are a very talented painter.
  그럼, 진심이지. 넌 정말 재능 있는 화가야.

이렇게도 써여요!

★ I'm serious.	진심이야.
★ I'm not kidding.	농담 아냐.

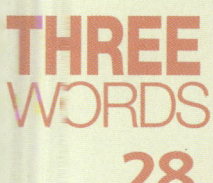

I'd rather not

안 그러는 게 좋을 것 같아

- How about lending me a little money?
  나한테 돈 조금만 빌려주지 그래?

- Hmm… **I'd rather not.**
  음… 안 그러는 게 좋을 것 같아.

- I'm bored. Do you want to play some baseball after school?
  심심해. 학교 마치고 야구할까?

- No, **I'd rather not**. I feel kind of tired today.
  아니. 안 하는 게 좋을 것 같아. 오늘 좀 피곤해.

- Wow, is that a new car? Why don't you let me take it for a spin?
  우와, 그거 새 차야? 내가 한번 몰아봐도 돼?

- **I'd rather not.** I've heard bad things about your driving.
  안 그러는 게 좋을 것 같아. 너, 운전 험하게 한다며.

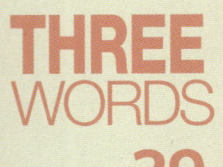

THREE WORDS 29

I'm with you

동감이야 / 같이 있을게

- I'm so tired of being treated like dirt at this office.
  이 사무실에서 거지처럼 취급받는 데 정말 지쳤어.

- **I'm with you.** 동감이야.

- I don't like politics that much. 난 정치를 그다지 좋아하지 않아.

- **I'm with you.** Politicians can never get the job done.
  동감이야. 정치꾼들은 일을 제대로 하는 법이 없어.

- You don't have to stay here all night. I'll finish the rest of the work by myself.
  밤새도록 여기 있을 필요 없어. 나머지 일은 혼자서 끝낼게.

- No, **I'm with you** till the end.
  아냐. 끝날 때까지 같이 있을게.

알아두세요!

I'm with you.에서 you에 강세를 두고 말하면 1번, 2번 대화에서처럼 상대의 말에 동의를 나타내는 표현이 됩니다. 동의를 나타내는 경우보다는 자주 쓰이지 않지만, **with**에 강세를 두어 말하면 '이해한다'는 의미가 되죠.

- The reason why I decided to get a new haircut is… hey, are you listening?
  내가 머리를 새로 자르기로 한 이유는 말야… 야, 듣고 있는 거야?

- **I'm with you.** Please, go on… 듣고 있어. 계속 해봐.

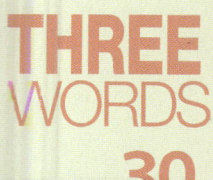

If you insist
정 그러시다면

- Please allow me to get you a taxi.
  제가 택시 잡아드릴게요.

- **If you insist.**
  정 그러시다면.

- I'll pay for dinner tonight.
  오늘밤 저녁식사는 제가 낼게요.

- No, it's my turn. You paid last time.
  아녜요, 이번엔 제 차례예요. 지난번에 내셨잖아요.

- Really, this one's on me. I insist.
  진짜, 이번 건 제가 낼게요. 제가 꼭 내야겠어요.

- Okay, **if you insist**. Thank you!
  좋아요, 정 그러시다면. 고마워요!

- **If you insist on** bringing your dog everywhere, at least make sure it's housebroken!
  정 강아지를 어디든 데리고 다니고 싶다면, 최소한 똥오줌은 가리게끔 하라고!

 알아두세요!

애완동물이 **housebroken**됐다는 말은 사람과 함께 집안에서 살 수 있도록 훈련을 받았다는 뜻인데, 특히 집밖이나 대소변 상자 등 지정된 곳에서만 오줌을 눈다는 의미입니다. 어떤 사람이 애완동물을 데리고 집에 찾아오면 **Is he/she housebroken?**(그 애 똥오줌 가리니?)이라그 물어보세요!

I'm/It's/That's OK 괜찮아

이 책에 나오는 표현들 중에는 말하는 사람의 초점에 따라 I와 it, 그리고 that을 바꿔가며 쓰는데요. 언제 I'm을 쓰고, It's를 쓰고, That's를 써야 하는지 궁금하다고요? 그것은 바로 얘기하고 있는 대상이 말하는 사람과 얼마나 가까운지의 정도에 따라 대개 결정된답니다.

I'm OK/Alright/Fine.(좋아, 괜찮아.)은 말하는 사람의 상태, 특히 어떤 일에 대해 느끼는 기분을 얘기할 때 쓰이는 표현입니다. (일곱 번째 이야기 〈I'm + 형용사〉를 참조하세요.)

- Hey, how are you this morning?
  이봐, 오늘 아침 컨디션 어때?
- **I'm fine.**
  좋아.

- That looked like a terrible fall, are you okay?
  심하게 넘어진 거 같던데, 괜찮아?
- **I'm alright.** Actually, I fall down all the time.
  괜찮아. 실은, 난 늘상 넘어지기 일쑤야.

- **I'm OK** with you staying at our house, but I'd better ask my wife.
  저희 집에 머무셔도 괜찮습니다만, 아내한테 물어봐야 합니다.

That's ok.는 상대가 좀 전에 막 언급한 말에 대해 대답할 때 사용합니다.

- I'm sorry, I can only offer you a no-smoking seat.
  죄송합니다만, 금연석밖에 제공해드릴 수가 없네요.
- **That's fine.**
  괜찮아요.

- I'm sorry to phone you so late, but I really need to talk to you.
  너무 늦게 전화해서 미안하지만, 너랑 꼭 해야 할 얘기가 있어.
- **That's alright** [the fact that you called me late], I wasn't sleeping anyway.
  괜찮아 [늦은 시간에 전화를 했다는 사실]. 아무튼 안 자고 있었으니까.

- This suit jacket is a size 36, but it only comes in black.
  이 정장 재킷이 36사이즈입니다만, 검정색밖에 없습니다.
- **That's fine.** I'll take it. But I don't have any cash on me.
  괜찮습니다. 그걸로 할게요. 하지만 지금 현금이 없는데요.
- **That's okay,** you can pay with your credit card.
  괜찮습니다. 신용카드로 계산하셔도 됩니다.

It's ok.는 외부 대상이나 행위에 대해 언급할 때 쓴답니다.

- How is your broken leg?
  다리 부러진 건 좀 어때?
- **It's OK** [my leg]. It should be fully healed in 3 weeks.
  괜찮아 [내 다리]. 3주면 완전히 낫게 될 거야.

- Is it alright to smoke here?
  여기서 담배 펴도 돼요?
- **It's alright** [smoking here], but you have to stay in this area.
  괜찮아요 [여기서 담배 피우는 것]. 하지만 이 구역에 머무셔야 해요.

- I feel terrible for making you work overtime.
  추가근무를 시키게 돼서 미안하네요.
- **It's fine** [working overtime]. I'm not busy today.
  괜찮아요 [추가근무 하는 것]. 오늘 저 안 바쁘거든요.

이처럼 다양한 형태를 혼동하지 않고 사용하는 것이 까다로운 부분이죠. 예를 들어, 누군가가 다음과 같이 묻는다고 칩시다.

{
- **Can we meet at 2 o'clock this afternoon?**
  오늘 오후 2시에 만날까요?
- **I'm OK. (X)**
  좋아요.
}

이 질문에 대한 알맞은 대답은 다음과 같죠.

- **That's OK.** *[your suggestion]*
  좋아요. [당신 제안]

- **I'm fine with that.** *[your suggestion]*
  좋아요. [당신 제안]

Or simply… 또는 간단히 **OK.**라고 대답하면 되죠.

- **OK.**
  좋아요.

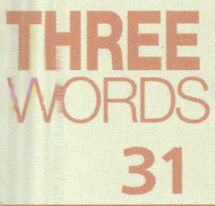

Is that clear?

알겠어? 알아들었어?

- First, boil the water, then add the vegetables and spices, and let it cook for 15 minutes. **Is that clear?**
  먼저, 물을 끓여. 그런 다음 채소랑 양념을 넣어. 그리고 15분 동안 그대로 익히면 돼. 알겠어?

- Yes, crystal clear.
  응, 확실히 알겠어.

- If you come home drunk one more time, this marriage is over, **is that clear?**
  한 번 더 술 취해서 집에 오면 이 결혼 끝이야. 알겠어?

- Zzzzz ...
  쿨쿨쿨…

- Come on boys, our fans are counting on us. I don't want any screw-ups tonight, **is that clear?**
  힘내, 제군들. 팬들이 기대하고 있다구. 오늘밤 어떤 실수도 있어선 안 돼. 알겠나?

- Sure coach, we hear you loud and clear.
  넵, 코치님. 확실히 알아들었습니다.

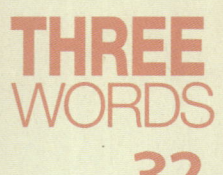

It/That doesn't matter

그건 중요치 않아, 아무래도 상관없어

- I'd love to go out with you this weekend, but I don't have any nice clothes to wear.
  이번 주말에 너랑 정말 데이트하고 싶지만, 입고 나갈 만한 괜찮은 옷이 없어.

- **That doesn't matter.**
  그건 중요치 않아.

- Do you want milk or sugar in your coffee?
  커피에 우유 타줄까, 설탕 타줄까?

- **It doesn't matter.** You decide.
  아무래도 상관없어. 네 맘대로 해.

- I used to refuse to date bald men, but now I realize that **it doesn't matter**.
  예전엔 머리 벗겨진 남자랑은 데이트 안 했는데, 이젠 그게 중요한 게 아니란 걸 깨달았어.

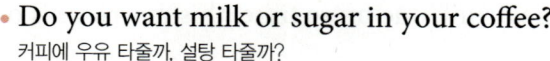

 이렇게도 쓰여요!

- Do you still want me to mail that letter for you?
  그 편지 여전히 내가 우편으로 부쳐줬으면 하니?

- No, **it doesn't matter** anymore. I did it myself.
  아니, 이젠 괜찮아. 내가 직접 부쳤어.

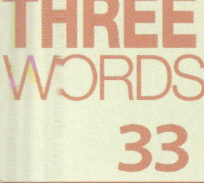

It/That makes sense

일리 있는 말이야, 이치에 맞는 말이야

- I don't think we should get married before I finish university.
  내가 대학 졸업할 때까진 우리, 결혼하지 않는 게 좋을 것 같아.

- **That makes sense.**
  일리 있는 말이야.

- If you want to buy a new car, **it makes sense to** buy insurance.
  새 차를 사고 싶으면 보험을 드는 게 이치에 맞지.

- Yes, but I also think **it makes good sense to** look for the best deal to save money.
  그래, 하지만 돈을 절약할 수 있는 제일 괜찮은 보험을 찾는 것도 꽤 일리 있는 생각인 것 같아.

- I heard you quit your job last month.
  지난 달에 일 그만뒀다면서.

- Yeah, **it made sense for me to** quit now while I'm still young.
  응, 아직 젊을 때 그만두는 게 이치에 맞잖아.

- That's true. Sometimes **it makes sense to** follow your heart.
  맞아. 가끔은 마음 가는 대로 따르는 게 이치에 맞지.

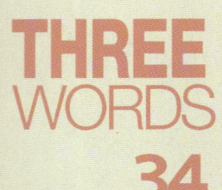

It was nothing

별거 아녔어요

- Mister, you saved my life!
  선생님, 당신이 내 목숨을 구했어요!

- **It was nothing.**
  별거 아녔어요.

- Thank you so much for helping me with my application papers.
  지원서 쓰는 걸 도와줘서 정말 고마워.

- There's no need to thank me. **It was nothing.**
  고마워 할 필요 없어. 별거 아녔어.

- I heard you went to the hospital, are you okay?
  병원에 갔었다면서, 괜찮은 거야?

- Don't worry, **it was nothing serious**.
  걱정 마, 심각한 건 아녔어.

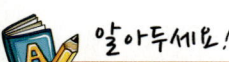

It was nothing.은 It was nothing to write home about.(떠들썩하게 굴 정도는 아녔어, 별거 아녔어.) 또는 It was nothing to get excited about.(신이 날 만한 일은 없었어, 재미 하나도 없었어.)으로 확장되어 쓰일 수 있는데요. 이 두 표현은 모두 재미있거나 특별한 것이 없어서 실망했다는 것을 드러내는 말입니다.

- I'd heard a lot of hype about the new superhero movie, but **it was nothing to write home about**.
  새로 개봉한 그 슈퍼히어로 영화에 대해 소문을 엄청 많이 들었거든. 하지만 그 정도는 아녔어.

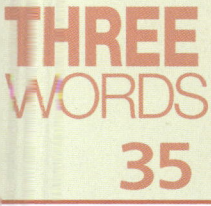

It's a deal

(거래 조건에 대해) 좋아요, 그렇게 합시다

- If you buy these shoes right now, I'll give you a 5 percent discount.
  지금 이 신발을 사시면, 5% 할인해 드릴게요.

- **It's a deal.**
  좋아요, 그렇게 합시다.

- There's a lot of housework to do. How about I vacuum, and you do the laundry?
  집안일 할 게 너무 많아. 내가 청소기 돌리고, 자기가 빨래하는 게 어때?

- **It's a deal.** I hate vacuuming.
  좋아, 그렇게 하자. 난 청소기 돌리는 건 싫더라고.

- It looks like we agree on all the terms of the merger. Do we have a deal?
  우리, 합병 조건에 모두 동의하는 거 같은데, 계약할까요?

- Okay, **it's a deal.** Let's shake on it.
  좋습니다, 그러죠. 악수합시다.

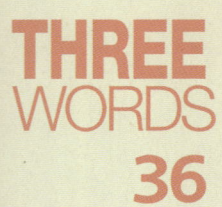

THREE WORDS 36

It's about time
때가 되긴 했지, 했어도 벌써 했어야지

- My dear parents-in-law, I'm pregnant.
  사랑하는 어머님, 아버님(시댁 어르신을 말함), 저 임신했어요.

- **It's about time!**
  때가 되긴 했지!

- Your package will be delivered on Monday next week.
  고객님 소포는 다음 주 월요일에 배달될 것입니다.

- **It's about time!** I ordered it last month.
  왔어도 벌써 왔어야 하는데! 지난 달에 주문했거든요.

- Hey, Su-bin, it's Tom.
  안녕, 수빈아. 나, 톰이야.

- Tom, **it's about time** you called me! I haven't heard from you in a while.
  톰, 이제야 전화하는구나! 한동안 네 소식 못 들었어.

이렇게도 쓰여요!

- My dog seems to be acting strange. I think she's in heat.
  우리 집 강아지 행동이 좀 이상한 것 같아. 발정기인가봐.

- Yeah, **it's about that time of year.** 그래, 매년 이맘때쯤이면 그렇지.

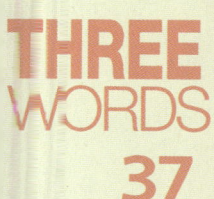

It's all yours
맘껏 쓰세요 / 가지세요

- Can I take this book home with me?
  이 책 제가 집에 좀 가져가도 될까요?

- **It's all yours.**
  맘껏 가져가세요.

- Here are the keys to your new car. **It's all yours.**
  여기 새 차 열쇠입니다. 전부 고객님 거예요.

- Wow, your sweater looks really good on me.
  야, 네 스웨터가 나한테 정말 어울리는 것 같아.

- **It's all yours.**
  너 가져.

- No, I can't accept this.
  아냐, 이걸 받을 순 없어.

- Really, I insist.
  정말이야, 내가 주고 싶어서 그래.

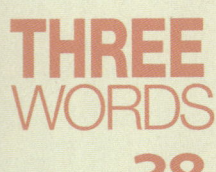

It's an emergency

응급 상황이에요, 비상 사태예요

- Police? Come quickly, **it's an emergency**!
  경찰이죠? 빨리 와주세요, 응급 상황이에요!

- I need to speak to the boss right now.
  지금 당장 사장님과 통화해야 해요.

- He's in a meeting.
  지금 회의 중이세요.

- Tell him **it's an emergency**. The stock market is crashing!
  비상 상황이라고 전해주세요. 주식시장이 붕괴되고 있어요!

- I need to see a doctor immediately.
  바로 진료를 받아야 하는데요.

- Sorry, there are no doctors available right now.
  죄송합니다. 지금 당장 봐줄 수 있는 의사가 없습니다.

- But **it's an emergency**. I think my arm is broken!
  하지만, 응급 상황인 걸요. 팔이 부러진 것 같다구요!

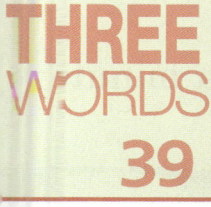

I'm right here / It's right here

나, 바로 여기 있어 / 그건 바로 여기 있어

- *[on the phone]* I'm at the station now. Where are you?
  [전화로] 나, 지금 역에 있어. 넌 어디야?

- *[waving]* **I'm right here.** [손을 흔들며] 바로 여기야.

- Is this your high school photo? Which one is you?
  이게 네 고등학교 때 사진이야? 이 중에서 넌 어디 있어?

- **I'm right there,** back row, third from the right.
  바로 거기 있잖아, 뒷줄 오른쪽에서 세 번째.

- Did you find the remote control yet? 리모컨 찾았니?

- Yeah, **it was right here** on the couch.
  응, 바로 여기 소파 위에 있었더라고.

알아두세요!

right는 의미가 글자 그대로라기보다는 추상적이어서 정의하기가 까다로운 단어입니다. 한국어로는 흔히 '바로'란 말에 해당되는데, '정확히' 또는 '올바르게' 어떤 일이 일어났다는 것을 강조할 때 쓰인답니다.

- You're **right on time**. 딱 제시간에 왔구나.
- The book is **right where** you left it. 그 책은 바로 네가 둔 곳에 있어.
- He always calls **right when** I need him. 그 남자는 언제나 내가 필요로 할 때 항상 전화를 해.
- If I press this button, the alarm goes off **right away**.
  이 버튼을 누르면 경보기가 바로 울립니다.
- Yahoo! She kissed me **right on** the mouth! 야호! 그 여자애가 바로 내 입술에 키스했어.

Just a moment / Hold on / Wait a minute
잠깐만요

이 표현들은 상대에게 생각할 시간이나 어떤 일을 행동에 옮길 시간을 주면서 잠깐만 기다려달라고 요청할 때 쓰입니다. Wait a minute. / Wait a sec. / Hold on a minute. / Just a second. / One moment please.와 같이 여러 가지 형태로 조금씩 변형시켜 다양하게 쓰일 수 있죠.

- Waiter, I'm ready to order.
  웨이터, 주문할게요.
- **Just a moment.**
  잠깐만요.

- Hurry up, I have to use the bathroom!
  빨리 해, 나도 화장실 좀 써야겠어!
- **Hold on,** I'm almost done.
  잠깐만, 거의 다 됐어.

- Is that download finished yet?
  다운로드 다 됐니?
- Almost. **Just a moment** and then we'll be able to hear the new song.
  거의. 잠깐만 있으면 우린 신곡을 들을 수 있을 거야.

- Young-shin, there's a phone call for you.
  영신아, 전화 왔어.
- **Just a minute,** I'm in the shower!
  잠깐만, 나 샤워 중이야!

- My number is 010-5463-2...
  제 번호는 010-5463-2…
- **Wait a minute.** I didn't get that. Could you repeat it please?
  잠깐만요. 못 들었어요. 다시 얘기해 주실래요?

Wait a minute.은 또한 언급하는 말이 진짜인지 확인하려고 할 때도 다음과 같이 사용된답니다.

- That party last Friday was so crazy. I can't remember a thing!
  지난 금요일 파티는 정말 광란의 파티였어. 하나도 기억이 안 나!
- **Wait a minute.** You told me you were studying at the library last Friday.
  잠깐. 너, 지난 금요일에 도서관에서 공부하고 있다고 했었잖아.
- Uhm ...
  어…

[on the phone 전화 상]

- Hello, I'd like to speak to Mr. Daniels.
  여보세요, 다니엘스 씨와 통화하고 싶은데요.
- I'll put you through to him. **Hold please.**
  연결해 드리겠습니다. 잠깐만 기다려 주세요.

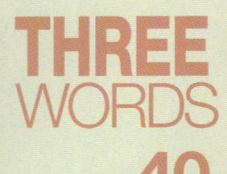

It's your turn
네 차례야

- Did you take out the garbage last night?
  어젯밤에 쓰레기 내놨어?

- No, **it's your turn**!
  아니, 네가 내놓을 차례거든!

- So, are you going to pay for dinner tonight?
  그래서, 오늘밤 저녁을 네가 낼 거야?

- No, **it's your turn**. I paid last week.
  아니, 네가 낼 차례야. 난 지난주에 냈잖아.

- Okay, if you say so...
  알았어, 그렇게 얘기한다면야…

- Where do you want to eat tonight?
  오늘밤엔 어디서 밥 먹을까?

- I always pick the restaurant. This time, **it's your turn**.
  항상 내가 식당을 고르잖아. 이번엔 네 차례야.

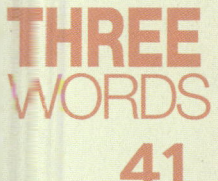

Just in time

딱 맞춰 왔네, 때마침 왔네

- Sorry I'm late, I came as fast as I could.
  늦어서 미안해요. 최대한 빨리 온다고 온 거예요.

- **Just in time.** I was about to leave.
  딱 맞춰서 왔네요. 막 나가려던 참이었거든요.

- Are we late?
  우리 늦은 거야?

- No, you're **just in time**. The doors close at 6.
  아니, 딱 맞춰서 왔네 뭘. 6시에 문 닫는대.

- Hey, what took you so long?
  야, 왜 이렇게 오래 걸렸어?

- The traffic was terrible and I had to park my car.
  차가 너무 막힌데다 주차시키고 오느라고.

- Well, you made it **just in the nick of time**. The play starts in 5 minutes.
  음, 그래도 딱 때맞춰 왔네. 5분 후에 연극 시작해.

알아두세요!

nick of time은 16세기 이래로 사람들이 줄곧 쓰고 있는 표현입니다. 옛날에는 막대기에 칼자국을 새겨서 시간을 재던 풍습에서 비롯된 것이죠.

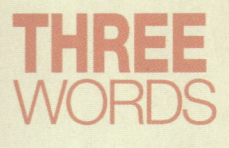

Let me explain
내가 설명할게

- Who made this mess? 누가 이렇게 엉망진창으로 만들어놓은 거야?
- **Let me explain...** 제가 설명할게요…
- This had better be good. 이번엔 제대로 된 설명이어야 될 게다.

- **Let me explain it**, so you can understand.
  내가 설명할게요, 그럼 이해하실 거예요.

- Did you steal money from me? 나한테서 돈 훔쳐갔지?
- **Let me explain.** 내가 설명할게.
- I don't want an explanation. Answer me, yes or no!
  설명 따윈 필요 없어. 그런지 아닌지만 대답해!

알아두세요!

Let me는 다음과 같이 다른 동사들과도 어울려 쓰입니다.

- I can't get hold of Sarah on her cell phone. 사라 휴대폰이 연락이 안 돼.
- **Let me try.** 내가 한 번 연락해볼게.

- Uh, I can't open this window.
  어, 이 창문이 안 열리네.
- **Let me help.** 내가 도와줄게.

- You won't believe what happened on my date! 내가 데이트하면서 무슨 일이 있었는지 넌 믿을 수 없을 거야!
- **Let me hear all about it.**
  얘기해봐, 내가 다 들어줄게.

- Which direction should I go?
  어느 방향으로 가야 하지?
- **Let me think...** ok, it's this way.
  생각 좀 해보자… 그래, 이쪽이야.

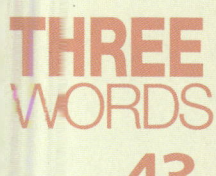

Let's get going/moving/started

출발합시다, 갑시다 / 시작합시다

- **Let's get going!** I want to leave as soon as possible!
  출발합시다! 가능한 빨리 떠나고 싶네요.

- Have you rested enough?
  충분히 쉬었어?

- Yes, I'm ready to go now.
  응. 이제 갈 준비 됐어.

- Then **let's get moving**. We're almost at the peak.
  그럼, 가자. 정상에 거의 다 왔어.

- Come on, **let's get started**!
  어서 시작합시다!

- What's the rush?
  왜 이렇게 서둘러요?

- I'm impatient! I want to finish this meeting as fast as possible.
  마음이 급해서요! 가능한 빨리 이 회의를 마쳤으면 좋겠어요.

Mind your manners
매너 좀 지켜, 예의 바르게 굴어

- I need to blow my nose. I guess I'll just use this tablecloth.
  코 좀 풀어야겠는데. 그냥 이 식탁보 좀 쓸까 보다.
- **Mind your manners!**
  매너 좀 지켜라!

- Kids, we're going to a fancy restaurant tonight, so I want you to **mind your manners**.
  얘들아, 오늘밤에 근사한 식당에 갈 거니까, 예의 바르게 굴어야 한다.

- If you are doing business in a foreign country, you have to **mind your manners** when it comes to eating out.
  만약 외국에서 사업을 하고 있다면, 외식하는 자리에서 매너를 잘 지키도록 하세요.

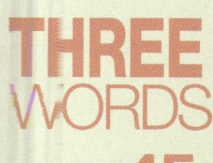

Never say never

절대 안 된다는 말은 절대 하지 마

- I'll never make it to the first team.
  난 절대 일군에 못 들어갈 거야.

- **Never say never.**
  절대 안 된다는 말은 절대 하지 마.

- It's useless for me to think about getting married.
  결혼할까 생각해봤자 쓸데없어.

- **Never say never.** Who knows what the future may bring?
  그런 말 마. 앞으로 어떤 일이 생길지 누가 알겠어?

- It's unlikely that I'll meet the deadline. But then again, **never say never**.
  마감을 못 맞출 것 같습니다. 아니 그게 절대 안 된다는 말은 아니구요.

THREE WORDS 46

No hard feelings
유감 없어 / 마음 상하지 마

- I'm sorry for shouting at you.
  너한테 소리 쳐서 미안해.

- **No hard feelings.**
  괜찮아, 유감없어.

- I'm sorry. **No hard feelings?**
  미안해. 마음 상한 거 아니지?

- OK, I forgive you.
  괜찮아, 용서해줄게.

- Even though they got divorced, there are **no hard feelings** between them.
  걔들은 이혼은 했어도, 둘 사이에 앙금 같은 건 없어.

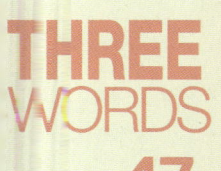

Not at all

전혀 (안 그래 / 아냐)

- I'm sorry to disturb you at this hour.
  이 시간에 방해해서 미안해요.

- **Not at all!** I was waiting for your call.
  전혀요! 당신 전화를 기다리고 있었는걸요.

- Sophie, are you attracted to Jeff?
  소피, 너 제프한테 끌리는 거니?

- **Not at all!** He's so rude.
  전혀! 그 사람은 너무 무례해.

- Thank you for inviting me to your home.
  집에 초대해 주셔서 감사합니다.

- **Not at all!** It was my pleasure.
  무슨 말씀이세요! 오히려 제가 즐거웠는데요.

 이렇게도 쓰여요!

- Living in New York was **not at all** like I thought it would be.
  (= Living in New York was **nothing** like I thought it would be.)
  뉴욕에 사는 게 생각했던 것과는 전혀 달랐어.

213

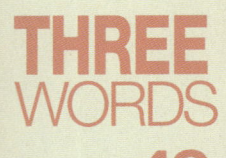

Not so fast

잠깐만, 멈춰봐 / 서두르지 마

- Bye Mom, I'm going to the playground to meet my friends.
  안녕, 엄마. 나 친구들 만나러 놀이터에 갈 거야.

- **Not so fast!** Have you finished all your homework?
  잠깐만! 숙제는 다 끝냈어?

- Sorry I'm late, honey. I'm going to bed. 늦어서 미안해, 여보. 나, 자러 갈게.

- Hold on. Where have you been all night? 잠깐만. 밤새도록 어디 있었어?

- First I worked overtime, then I went to a restaurant, then a bar, then... 처음엔 추가근무를 했고, 그리고 나서 식당에 갔고, 그리고 술집에, 그리고…

- **Not so fast.** I want details! Who were you with?
  잠깐만. 자세하게 말해보라구! 누구랑 같이 있었는데?

- Check it out, my new car can go 180 km an hour.
  이거 봐, 내 새 차 시속 180까지 달릴 수 있어.

- **Not so fast!** Are you trying to get us killed? 잠깐만! 너 우릴 죽일 심산이니?

 이렇게도 쓰여요!

- What do you think about meeting my parents, sweetie?
  우리 부모님 한번 뵙는 게 어때, 자기야?

- **Not so fast!** We've only been dating for a week!
  서두르지 마! 우린 고작 1주일밖에 안 만났잖아.

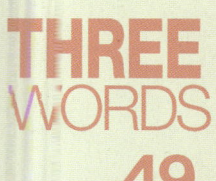

Nothing to it

별 거 아냐, 식은 죽 먹기야 / 아무 일도 없어, 근거 없는 얘기야

- Wow, that pool trick shot was amazing!
  우와, 끝내주는 트릭 샷(포켓볼 묘기 당구)인데!

- **Nothing to it.**
  이쯤이야 뭐 식은 죽 먹기지.

- How do you manage to always pick the best stocks?
  어떻게 항상 제일 괜찮은 주식을 고르세요?

- **There's nothing to it** if you know what you're doing.
  자기가 뭘 하고 있는지만 안다면 별거 아녜요.

- Is it really true that you are dating your co-star?
  상대 주연배우랑 사귄다는 게 진짜야?

- No, that's just a rumor. **There's nothing to it**.
  아냐. 그냥 소문이야. 아무 일도 없어.

알아두세요!

마지막 대화에서 **There's nothing to it.**은 **There's nothing to that rumor/story.**에 근거한 표현으로, '그 소문은 사실이 아냐, 근거 없는 얘기야'란 의미이다.

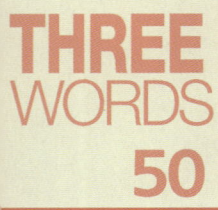

THREE WORDS 50

Now you're talking!

그렇지, 이제야 말이 통하네!

- Let's all bet 10,000 won on the football match. 축구경기에 전부 만 원씩 걸자.
- Only 10,000? 고작 만 원?
- You want to raise it to 50,000? 5만원이라도 걸려고?
- **Now you're talking!** 그렇지, 이제야 말이 통하는구만!

- Hey, want to go out for burgers tonight? 야, 오늘밤에 햄버거 먹으러 나갈까?
- Hmm... I'd prefer something healthier. 음… 난 좀 몸에 좋은 걸 먹고 싶은데.
- Then how about sushi? 그럼 초밥은 어때?
- **Now you're talking!** I love seafood.
  이제야 말이 통하는구만! 난 해산물 요리가 너무 좋더라.

- I'll give you 500 dollars for this used TV. 이 중고 TV에 500달러 드릴게요.
- No, that's too little. 안 돼요, 너무 작아요.
- OK, I'll raise it to 650. 알겠어요, 그럼 650달러까지 올려드릴게요.
- **Now you're talking!** You've got a deal. 이제야 말이 통하네요! 좋습니다.

알아두세요!

처음에 한 제안을 개선하는 경우 쓸 수 있는 비슷한 표현으로 **That's more like it.**(그게 더 좋겠네요.)이 있습니다.

- How was the car? Did you enjoy the test drive? 이 차 어떠셨어요? 시험 운전은 괜찮았나요?
- I don't know... I was hoping for a sports model. 잘 모르겠어요… 스포츠카를 원하고 있었거든요.
- Then try our new Ex5 model. It's the fastest car around.
  그럼 저희 신형 Ex5 모델을 타보세요. 시중에 나와 있는 차 중에서 제일 빠른 자동차랍니다.
- **Now that's more like it!** This is exactly what I've been looking for.
  아, 그게 더 좋겠네요! 이게 바로 제가 찾던 딱 그 차네요.

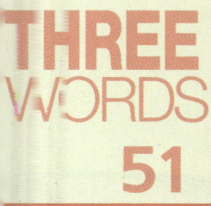

Piece of cake

식은 죽 먹이야

- Can you score a goal from here?
  여기서 한 골 득점할 수 있어?

- **Piece of cake!**
  식은 죽 먹기지!

- What did you think of the driver's license test?
  운전면허 시험 어땠어?

- **Piece of cake!** Tests like that are easy.
  식은 죽 먹기였지! 그런 시험은 쉬워.

- People think that playing the piano is difficult, but **it's a piece of cake** once you get the hang of it.
  사람들은 피아노를 치는 게 어렵다고들 생각해. 하지만 한번 익숙해지면 그것도 식은 죽 먹기라구.

관용 표현

다음은 세 단어 이하로 구성된 관용표현으로, 일상생활에서 흔히 쓰이는 표현들입니다.

- **Break a leg (= Good luck)**
  행운을 빌어

이 표현은 극장 세계에서 유래된 것으로 여겨지는데요. **Good luck.**(행운을 빌어.)이라고 대놓고 행운을 빌면 무대에 오르는 연기자에게 부정이 탈 거라 생각해서, 대신 **May you break a leg.**(다리나 부러지길 바란다.)처럼 무례한 표현을 내놓게 된 것이죠.

{
- **I'm off for my job interview now.**
  이제 취업면접 보러 가.
- **Break a leg!**
  행운을 빌어!
}

- **Knock on wood**
  부정 타지 말길, 행운을 빌어

행운을 빌어줄 때 쓰는 표현인데요, 특히 말에 부정이 타는 것을 피하려고 할 때 많이 쓴답니다. 이 표현의 유래는 나무에 영혼이 깃들어 있다고 믿었던 기독교 이전의 민간신앙으로 거슬러 올라갑니다.

{
- **Hopefully I am over my cold now.**
  이젠 감기 좀 떨어지면 좋겠다.
- **Knock on wood.**
  행운을 빈다.
}

{
- **If my investment goes well – knock on wood – we can hopefully buy a new house next month.**
  내가 투자한 게 잘 되면, 다음 달에 새 집을 살 수 있을 텐데. 이 말에 부정타지 말길.
}

- **Fingers crossed**
소원대로 되길, 행운을 빌어

이 표현 역시 행운을 빌 때 쓰는 일종의 미신인데요, 십자모양으로 손가락을 꼰 것과 기독교의 십자가가 닮았다는 데서 비롯된 것이죠. 선의의 거짓말을 할 때도 이렇게 손가락을 십자모양으로 꼰답니다.

{
- Let's hope the traffic isn't too bad this Chuseok.
  이번 추석에는 차가 너무 막히지 않길 바라자.
- **Fingers crossed.**
  제발 그렇게 되길.
}

{
- He promised me he wasn't lying, but he had **his fingers crossed**.
  그 애는 거짓말을 하지 않겠다고 약속했지만, 손가락을 십자모양으로 꼬고 있었어.
}

- **Cross my heart**
맹세해

또, 십자가와 관련된 표현으로 Cross my heart.가 있습니다. 어떤 일에 대해 맹세를 할 때 쓰이는 표현이죠. 이따금 가슴에 손가락으로 실제 십자가를 그리는 동작을 하면서 말하기도 한답니다.

{
- I'll be at the movie theater by 7.
  7시까지는 영화관에 갈게.
- **Cross your heart?**
  맹세해?
- Okay, **cross my heart**.
  그럼, 맹세해.
}

{
- I swear I'm not telling a lie. **Cross my heart and hope to die**.
  거짓말하지 않겠다고 맹세해. 거짓말하면 내 손에 장을 지진다.
}

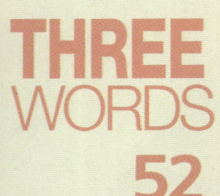

Practice makes perfect

자꾸 연습하면 되게 돼 있어, 자꾸 연습하면 완벽해지는 법이야

- It's useless. I'll never understand long division.
  소용없어요. 큰 숫자 나눗셈은 정말 모르겠어요.

- Try again. **Practice makes perfect.**
  다시 해봐. 자꾸 연습하면 되게 돼 있어.

- Why are you so good at speaking English?
  어쩜 영어를 그렇게 술술 말해요?

- **Practice makes perfect.** I've been doing it for a long time.
  자꾸 연습하다 보면 돼요. 전 오랫동안 계속 영어 말하기 연습을 하고 있거든요.

- How can I improve my TOEIC score?
  어떻게 하면 토익 점수를 올릴 수 있어요?

- Keep studying every day. **Practice makes perfect.**
  매일 꾸준히 공부하세요. 자꾸 연습하면 완벽해지는 법이잖아요.

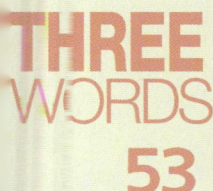

Pull yourself together!

(감정에 휩쓸리지 말고) 진정해, 정신 차려, 기운 내

- This job is driving me nuts! I can't take it anymore.
  이 일 때문에 진짜 돌아버리겠어! 더 이상은 못 견디겠어.
- **Pull yourself together!** Just relax.
  진정하고! 마음을 편안하게 가져봐.

- I am always nervous when I see that pretty intern.
  저 예쁜 인턴을 볼 때마다 자꾸 긴장돼.
- **Pull yourself together!** You have to be cool around women.
  정신 차려! 여자들 있는 데서는 쿨해야 한다구.

- Everything seems to be falling apart for me these days.
  나 요즘 모든 게 싫어.
- You have to **pull yourself together** and control your emotions.
  기운 내고 감정을 잘 추스려봐.

THREE WORDS 54

Serves you right
꼴 좋다, 쌤통이다

- I tried to cheat on my test, but I got caught.
  시험에서 부정행위를 하려다가 적발됐어.

- **Serves you right!**
  꼴 좋다!

- I'm so ashamed. I got caught riding the subway without a ticket this morning.
  부끄러워 죽겠어. 오늘 아침에 표도 안 끊고 지하철을 탔다가 들켰어.

- **Serves you right.** I've warned you about that many times.
  쌤통이다. 내가 그렇게 주의를 줬건만.

- Did you hear about that famous baseball player who was busted for doping? **It serves him right!** He needs to be a responsible role model.
  그 유명한 야구선수가 약물복용으로 체포됐다는 소식 들었어? 꼴 좋지 뭐! 그 사람 책임감 있는 롤모델이 될 필요가 있어.

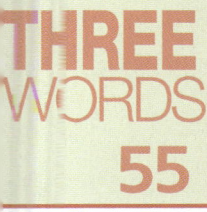

Shame on you

부끄러운 줄 알아

- Where's the cake I left here?
  내가 여기 놔둔 케이크 어디 있지?

- I ate it.
  내가 먹었어.

- **Shame on you!** That cake was for everyone.
  부끄러운 줄 알아! 그 케이크는 모두 다 같이 먹을 거였어.

- **Shame on you for** tricking us all!
  우리를 전부 속이다니 부끄러운 줄 알아!

- Did you finish the essay?
  에세이 다 썼어?

- No, I got drunk instead.
  아니, 술에 취해 있었어.

- **Shame on you**, Chris! Our essay is due today! You've let us all down.
  부끄러운 줄 알아, 크리스! 우리 에세이는 오늘이 마감이잖아! 넌 우릴 모두 실망시켰어.

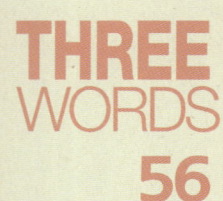

So do I!
나도 그래!

- I love that drama show. 난 저 드라마가 너무 좋아.
- Me too! 나도!
- I watch it every day. 매일마다 봐.
- **So do I!** 나도 그래!

- I love this CD.
  이 CD 너무 맘에 들어.
- **So do I!** It's one of the best records ever.
  나도! 이제껏 제일 맘에 드는 음반 중 하나야.

- I hate modern pop groups.
  난 현대 팝 그룹이 싫어.
- **So do I**, they all sound the same.
  나도 그래. 사운드가 전부 똑같아.

 알아두세요!

처음 말하는 사람이 not 또는 **don't**(do not의 축약형)과 같은 부정어를 사용해 말하는 경우에는 **Neither do I.**(나도 그래.)라고 해야 올바른 응답이에요.

- I don't understand what the teacher is talking about.
  선생님이 하시는 얘기가 잘 이해가 안 돼.
- **Neither do I.** 나도 그래.

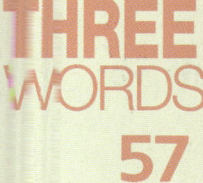

Stay/keep in touch!

계속 연락하고 지내자!

- I have to go now, but I will call you later.
  이제 가봐야겠어. 나중에 전화할게.
- Okay, **keep in touch.**
  그래. 계속 연락하자.

- Please don't forget about me when I leave.
  내가 떠나도 날 잊지 마세요.
- Don't worry, we can **stay in touch** through email.
  걱정 마요. 이메일로 계속 연락하고 지내면 되잖아요.

- Even though you're moving to a new company, **let's keep in touch** as friends.
  네가 새 회사로 옮기더라도 우리 친구로 계속 연락하고 지내자.

 알아두세요!

하지만 **in touch with** 뒤에 사람이 아니라 사물(smth)이 오면 그것과 밀접하게 연결되어 있거나, 그것에 대해서 잘 알고 있다는 의미가 된답니다.

- That designer is always **in touch with** current trends.
  그 디자이너는 항상 현 트렌드에 대해 잘 알고 있어.
- Ahn Cheol-soo seems to be **in touch with** what young people want.
  안철수는 젊은이들이 원하는 것을 잘 알고 있는 것 같아.
- The company's new advertising campaign is **out of touch with** consumers. 그 회사의 새 광고 캠페인은 소비자에 대해 뭘 모르고 있어.

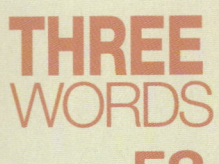

Step on it / Floor it / Gun it

더 밟아, 속도를 내, 돌진해

- Ah, we have to be at the airport in 10 minutes.
  아, 우리 10분 만에 공항에 도착해야 해.

- **Step on it!**
  더 밟아!

- **Floor it**, man! I don't want to miss the start of the concert.
  더 밟아, 친구! 난 콘서트 시작을 놓치고 싶지 않다구.

- Oh no, the light is about to turn red.
  아, 안 돼. 신호등이 빨강색으로 바뀌려고 해.

- Don't worry, just **gun it**!
  신경 쓰지 말고, 그냥 돌진해!

알아두세요!

아마 눈치 챘겠지만, 이 표현들은 모두 차의 액셀을 밟아서 속도를 더 내라는 의미로 하는 말이에요. 비슷한 표현으로 put the pedal to the metal(액셀을 금속이 될 때까지 밟다, 즉 속도를 높이다란 의미)이란 익살스런 표현도 있답니다.

- There's no speed limit here. Just **put the pedal to the metal**!
  여기는 속도제한이 없어. 그냥 확 밟아!

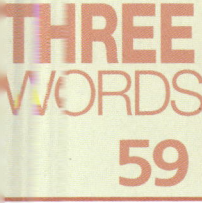

Take a break
잠깐 쉬어

- I'm so exhausted!
  너무 지친다!

- **Take a break.** You can try again later.
  잠깐 쉬어. 있다 다시 하면 되잖아.

- **Let's take a break** and catch our breath.
  잠깐 쉬면서 한숨 좀 돌리자.

- OK, we'll break for 5 minutes.
  좋아. 5분 쉬자.

- I'm going to **take a break from** studying and travel to South America.
  공부 잠시 쉬고 남아메리카로 여행갈 거야.

 알아두세요!

이 표현에 형용사를 추가하면 구체적으로 어떤 종류의 휴식을 말하려고 하는지 나타낼 수 있어요.

- Let's take a 10-minute break.
  10분 쉽시다.
- Let's take a quick break for coffee.
  커피 한잔하면서 잠깐만 쉽시다.
- I need to visit a phone store when we take our lunch break.
  점심 휴식 시간에 휴대폰 가게에 들러야 해.

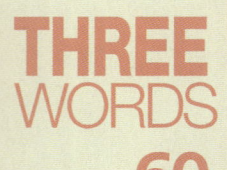

Take it easy

천천히[느긋하게] 해 / 진정해 / 쉬어가면서 해

- Come on, we have to hurry to see all the famous sights.
  빨리 가자. 유명한 곳을 다 보려면 서둘러야 해.

- **Take it easy!** We're on vacation.
  느긋하게 가! 우린 휴가 중이잖아.

- I hate that guy!
  저 사람 정말 싫어!

- **Take it easy**, or you will regret it later.
  진정해, 안 그러면 나중에 후회하게 될 거야.

- I can't **take it easy** and relax until I've finished all this work.
  이 일을 전부 끝낼 때까지는 편안하게 못 쉬겠어.

 이렇게도 쓰여요!

- You'd better **take it easy** with that beer, or you're going to get sick.
  그 맥주 좀 쉬어가면서 마셔. 안 그러면 너 병 날 거야.

Take your time

천천히 하세요, 시간을 충분히 들이세요

- It will take another 30 minutes for me to finish your haircut.
  고객님 머리 커트하는 데 30분 더 걸리겠는데요.

- Ok, **take your time.**
  알았어요. 천천히 하세요.

- I'm so stressed out because of this report.
  이 보고서 때문에 너무 스트레스 받아.

- **Take your time.** You don't have to hurry.
  천천히 해. 서두를 필요 없잖아.

- If you wait a few minutes, I can book your airline ticket for you.
  잠깐만 기다려 주시면 비행기 표를 예약할 수 있습니다.

- Thanks. **Take your time**, I'm not in a hurry.
  고마워요. 천천히 하세요. 급하지 않아요.

 이렇게도 쓰여요!

- **Take your time when** you clean my car, especially the windows.
  제 차를 세차하실 때, 특히 창문들요, 시간을 충분히 들여서 해주세요.

- Ok sir, I'll do a good job. 알겠습니다. 손님. 잘해드리겠습니다.

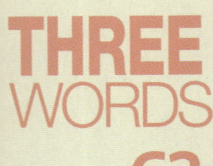

That's no excuse

그건 변명이 안 돼

- Teacher, I started doing my homework, but then I fell asleep.
  선생님, 숙제를 하다가 그만 잠들어버려 가지고.

- **That's no excuse.**
  그건 변명이 안 된단다.

- I want to exercise but I don't have time.
  운동하고 싶긴 한데, 시간이 없어.

- **That's no excuse.** A lot of people have tight schedules, but they still find the time.
  그건 변명이 안 돼. 다들 빠듯한 일정 속에서도 시간을 만든다구.

- Your computer has a spell check function, but **that's no excuse for** being careless with your spelling.
  네 컴퓨터에 철자 확인 기능이 있다고 해서 철자에 신경을 안 썼다는 건 변명이 안 돼.

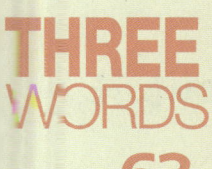

That's the spirit
그래, 바로 그런 정신[자세]이야!

- I want to start a new volunteering club at my university.
  우리 대학에서 새 자원봉사 동아리를 시작하고 싶어.

- **That's the spirit!**
  그렇지, 바로 그런 정신이야!

- Even though I've been losing money, I'm going to keep my café open. I think sales will improve eventually.
  돈을 손해보고 있다 해도 카페 문을 계속 열 거야. 결국 매출은 오를 거라고 생각해.

- **That's the spirit!** Never give up.
  그래, 바로 그런 자세야! 절대 포기하지 말라구.

- Coach, I want to stay after practice to work on my shooting.
  코치님, 훈련 끝나고 남아서 슈팅 연습을 했으면 하는데요.

- Good. **That's exactly the kind of spirit** we need on this team.
  좋았어. 이 팀에 필요한 게 바로 그런 정신이야.

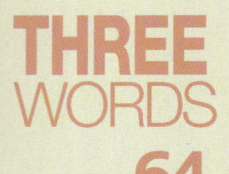

Think it over / Think about it
잘 생각해봐

- Would you like to join our band?
  우리 밴드에 들어올래?

- Can I **think it over**?
  생각 좀 해봐도 될까?

- Sure, take a few days to sleep on it.
  그럼. 며칠 밤 자면서 생각해봐.

- I can't make a decision now. I need some time to **think about it**.
  지금 결정을 못하겠어. 생각할 시간이 좀 필요해.

- Here's my proposal. **Think it over** and give me your answer as soon as possible.
  여기 제 제안서가 있습니다. 잘 생각해 보시고, 가능한 빨리 답변을 주세요.

이렇게도 쓰여요!

- I think that girl is interested in you. 저 여자애 너한테 관심 있는 거 같아.
- Really? 진짜?
- **Think about it...** why would she keep sitting next to you in class when there are lots of empty seats?
  생각해봐. 왜 빈자리가 많이 있는데도 수업시간에 계속 네 옆에 앉겠니?

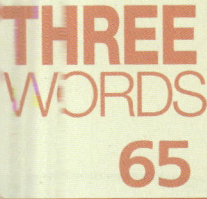

Time will tell

시간이 말해주겠지, 시간이 지나면 알게 되겠지

- Do you think their relationship will last?
  그 애들 계속 사귈 것 같니?

- **Time will tell.**
  시간이 지나면 알게 되겠지.

- **Only time will tell** if this new business will prosper.
  이 새 사업이 번성할지는 오직 시간만이 알겠지.

- What are you going to do after university?
  대학 졸업하면 뭘 할 거야?

- I never think about my future, **only time will tell**.
  미래에 대해서는 생각해 본 적이 없어. 오직 시간이 지나면 알게 되겠지.

BONUS Page
열일곱 번째 이야기
What a + 명사

⟨What a + 명사⟩ 형태로 만들 수 있는 표현은 정말 무궁무진하답니다.

- **What a surprise!**
  이렇게 놀라울 수가!

  { • Alice! Is that you?
      앨리스! 너니?
    • Greg, **what a surprise!** I haven't seen you in ages.
      그렉, 이렇게 놀라울 데가! 이게 몇 년 만이니.

- **What a coincidence!**
  이런 우연의 일치가!

  { • I ran into Alice the other day …
      요전 날 우연히 앨리스를 만났어…
    • **What a coincidence!** I was just thinking about her.
      이런 우연의 일치가! 나 방금 막 앨리스 생각하고 있었는데.

- **What an idiot / a fool / a jackass / a jerk!**
  멍청한 / 바보같은 / 찌질한 / 못난 놈 같으니라고!

  { • I'm so embarrassed. Last night my boyfriend got drunk and ruined my birthday party.
      정말 창피해 죽겠어. 간 밤에 남자친구가 술에 취해 내 생일파티를 엉망으로 만들었지 뭐야.
    • **What an idiot!**
      에고, 그런 멍청한 짓을!

{
- My boss is always making inappropriate comments and looking at my legs.
  팀장은 늘 부적절한 말을 하면서 내 다리를 쳐다봐.
- **What a jackass!** You should report him to a superior.
  그런 거지발싸개 같은! 상사한테 그 사람 얘기를 해.
}

{
- I accused my friend of stealing money from me, but then later I found it in my wallet. **What a fool** I've been!
  내 친구가 내 돈을 훔친 줄 알고 뭐라고 했는데, 나중에 보니까 내 지갑에 돈이 있더라고. 내가 얼마나 멍청한 짓을 했는지!
}

{
- I heard that Jeong-woo has been cheating on his wife for years.
  정우가 와이프 몰래 몇 년째 바람을 피우고 있었대.
- **What a jerk!**
  어휴, 미친 놈!
}

- **What a shame!**
  에고, 안됐네!

{
- I had planned to go camping with my kids, but it rained all weekend.
  애들이랑 캠핑을 가기로 계획했는데, 주말내내 비가 왔지 뭐야.
- **What a shame!**
  에고, 안됐네!
}

- What a dilemma!
  저런, 딜레마에 빠졌구만!

  > - I accidentally asked two women out on the same night. Now I have to cancel with one of them.
  >   우연찮게 두 여자한테 같은 날 밤으로 데이트 신청을 했지 뭐야. 지금 그 중에 하나를 취소해야 해.
  > - **What a dilemma!**
  >   저런, 딜레마에 빠졌구만!

- What a disaster!
  저런, 난감한 일이!

  > - I had invited 20 managers to the seminar, but only 4 people showed up.
  >   세미나에 관리자 스무 명을 초대했는데, 4명밖에 안 왔어.
  > - **What a disaster!**
  >   저런, 난감한 일이!

- What a + adjective + noun
  〈What a + 형용사 + 명사〉

  > - Jung-woo told me he'll dump me unless I agree to let him see other women on the side.
  >   정우가 말야, 자기가 한 쪽으로 다른 여자를 만나는 걸 내가 동의하지 않는다면 날 안 보겠다고 하더라.
  > - **What a horrible thing** to say!
  >   어머, 그런 끔찍한 소리가 어디 있어!

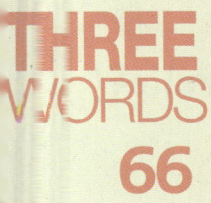

Wait for me
좀 기다려줘

- We need to hurry up and catch the bus.
  서둘러야 버스를 탈 수 있어.

- **Wait for me!**
  나 좀 기다려줘!

- **Wait for me**, I can't run as fast as you!
  기다려, 난 너처럼 빨리 못 달린다구!

- Is everyone finished with the math problem?
  다들 이 수학문제 다 풀었니?

- **Wait for me**, I'm still working on it.
  잠깐만요, 아직 푸는 중이에요.

 이렇게도 쓰여요!

- I might be late for dinner tonight. If I'm not there by the time the guests arrive, **don't wait for me**. Just start without me.
  오늘밤 저녁식사에 늦을지도 모르겠어. 손님들이 도착할 때까지도 내가 거기 못 가면, 나 기다리지 말고 그냥 시작해.

THREE WORDS 67

What a relief! / That's a relief!
(안심이 될 때) 휴, 다행이야!

- Your ankle isn't broken, just sprained.
  발목이 부러지진 않았네요. 그냥 삔 것 뿐이에요.

- **What a relief!**
  휴, 다행이다!

- The government gave you a tax refund.
  정부에서 세금을 환급해 드렸습니다.

- **That's a huge relief.** I'm low on cash this month.
  와, 진짜 다행이에요. 이번 달에 현금이 부족하거든요.

- 6 o'clock. Time to go home!
  6시다. 집에 갈 때야!

- **What a relief!** This work is killing me!
  아, 다행이다! 이 일 때문에 미쳐버리는 줄 알았어!

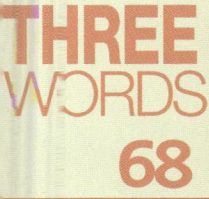

THREE WORDS 68

What for? / What's the use? / What's the point?

뭣 땜에? / 뭐하려고? / 그게 무슨 소용이야?

- I bought a new phone. 휴대폰을 새로 샀어.
- **What for?** 뭣 땜에?
- This one has a lot of new features that the old model doesn't have.
이건 예전 휴대폰에는 없었던 새로운 기능들이 많이 있거든.

- You have to clean your room. 네 방 좀 청소해.
- **What's the use?** It will just get dirty again.
뭐하려고? 어차피 또 더러워질 텐데.

- **What's the use of** complaining about the weather when you know you can't change it?
어차피 네 맘대로 바꿀 수 있는 것도 아닌데 날씨 불평해봤자 무슨 소용이야?

- Our company wants to install 5 new vending machines in the lobby. 회사에서 로비에 자판기를 5대 새로 설치하려고 해.
- **What's the point?** Nobody uses the ones we already have.
그게 무슨 소용이야? 이미 있는 자판기도 쓰는 사람이 없는데 말야.

알아두세요!

이 표현들은 모두 말을 장식해서 하는 것일 뿐 본질적으로는 **Why?**(왜?)를 묻는 것이랍니다.

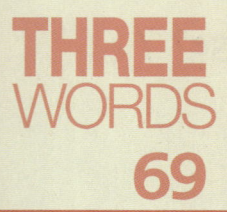

THREE WORDS 69

Whatever you say / Whatever you want

그러든가 / 너 좋을 대로

- I don't want to walk up all those stairs. Let's take the elevator.
  저 계단을 전부 걸어서 올라가고 싶지 않아. 엘리베이터 타자.

- Okay, **whatever you want**.
  그래, 너 좋을 대로.

- I think we should have a baby.
  우리, 애를 가져야 할 것 같아.

- Sure, **whatever you say**.
  그래, 그러든가.

- Please, be more serious! This is an important decision.
  제발, 좀더 진지할 수 없어! 중요한 결정이잖아.

- I'm considering getting plastic surgery on my nose. I think it will make me look prettier.
  코 성형을 할까 진지하게 고민 중이야. 하면 더 예뻐 보일 것 같은데.

- Hmm, **whatever you say**. It's your body.
  음, 그러시든가. 네 몸인데 뭘.

알아두세요!

이 표현은 일반적으로 다른 사람에게 책임을 전가할 때 사용됩니다. 앞서 나온 **Whatever**와는 대조적으로, 긍정적으로 답변(첫 번째, 두 번째 대화)할 때도 쓰일 수 있으며, 살짝 무심함(세 번째 대화)을 드러낼 때도 사용할 수 있어요. 하지만, **Whatever**는 늘 무심함을 드러낼 때 사용되죠.

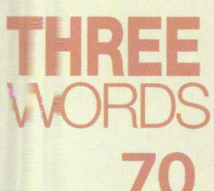

What's going on?

무슨 일이 생긴 거야? / 어떻게 되어가고 있어?

- **What's going on?**
  무슨 일이지?

- I think there's been a traffic accident.
  교통사고가 난 것 같은데.

- **What's going on with** our merger?
  우리 합병은 어떻게 되어가고 있어?

- I don't know. No one has told me anything about what's going on.
  모르겠어. 아무도 어떻게 되어가고 있는지 한 마디라도 해주는 사람이 없어.

- Why did our boss say that he wanted to cut our salaries?
  사장은 왜 우리 봉급을 깎았으면 한다고 말한 거야?

- I have no idea **what's going on** in his mind when he says things like that.
  사장이 그런 말을 할 때면 머리 속에 무슨 생각을 하고 있는 건지 난 모르겠어.

 이렇게도 쓰여요!

- **What's happening** over there? 저기 뭐 하는 거야?
- They're getting ready for the Mardi Gras parade.
  마디그라 축제(동성애 축제)를 준비하고 있는 거야.

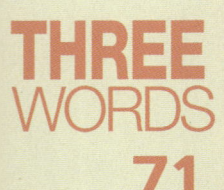

What's the matter?

무슨 일이야? 왜 그래?

- **What's the matter?**
  무슨 일이야?

- I am sad because my favorite TV drama has been canceled.
  내가 제일 좋아하는 TV 드라마가 결방돼서 슬퍼.

- **What's the matter with** Steve? He seems really anxious these days.
  스티브한테 무슨 일 있어? 요새 얼굴에 완전 근심이 서려 있던데.

- Oh no!
  아, 안 돼!

- **What's the matter?**
  왜 그래?

- I forgot to pick up the kids from daycare.
  어린이 집에서 애들을 데려오는 걸 깜빡했어.

 이렇게도 쓰여요!

★ What's wrong?   무슨 일이야? 뭐 문제 있어?

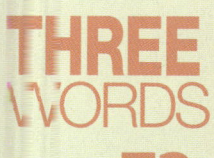

way to go

잘했어 / 파이팅 / 계속 그렇게 하는 거야

- Our charity raised 160,000 dollars this week.
  우리 자선단체에서 이번 주에 16만 달러를 모았어.

- **Way to go!**
  좋았어, 계속 그렇게 가는 거야!

- I just finalized the marketing deal I've been working on.
  내가 계속 추진했던 마케팅 건을 막 마무리했어.

- **Way to go!** That should give our company a huge boost.
  잘했어! 그 건이 동력이 돼서 우리 회사가 엄청나게 성장할 거야.

- I can't believe Dan accidentally deleted the document we wrote.
  댄이 우리가 쓴 문서를 실수로 삭제했다니 믿을 수가 없어.

- Yeah, **way to go**, Dan. Now we'll have to start from scratch.
  (비아냥조로) 그러게, 잘~ 했다 댄. 이제 처음부터 다 다시 써야겠구만.

 이렇게도 쓰여요!

| ★ Good job! / Good Work! / Well done! | 잘했어! |

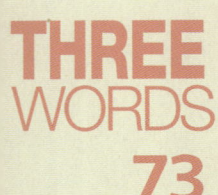

THREE WORDS 73

You got it / I got it
알았어

- Can you deliver this package on Monday morning?
  월요일 아침에 이 소포를 배달해주실 수 있어요?

- **You got it.** Just ask and we'll deliver.
  알겠습니다. 말씀만 하시면 저희가 배달해 드리겠습니다.

- Remember, my plane lands at terminal 2.
  명심해. 내 비행기는 2번 터미널에 착륙해.

- **I got it.**
  알았어.

- Listen, I don't want any more salesmen barging into my office, **you got that**?
  저기요, 사무실에 잡상인 좀 안 들어오게 해주세요, 아시겠어요?

- OK, **I got it**! It won't happen again.
  네, 알겠습니다! 다신 이런 일이 없도록 하겠습니다.

알아두세요!

I/You got it.은 격식 없이 편하게 쓰이는 말로, 사실 문법에는 맞지 않는 표현이에요. I've/You've got it.이라고 해야 문법적으로 맞는 말이지만, I/You got it.이라고 쓰는 사람들이 많다 보니 정식 영어 표현으로 받아들여지게 된 것이죠.

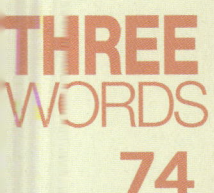

I've got it

알겠어 / 옳거니, 알겠다

- Stay here until I come back. Do you understand?
  내가 돌아올 때까지 여기 있어. 알았지?

- Sure Mom, **I've got it**.
  네, 엄마. 알겠어요.

- Can you help me with this e-mail?
  이 이메일 보내는 거 좀 도와줄래?

- Sure, just copy and paste the address, and then send the e-mail.
  그래, 그냥 주소를 복사해서 따붙인 다음, 이메일을 보내.

- Ah! **I've got it!** Thanks for your help.
  아! 알겠다! 도와줘서 고마워.

- How will we get this piano up the stairs?
  이 피아노를 어떻게 위층으로 옮기지?

- **I've got it!** Let's try to push it through the window.
  옳거니! 창문을 통해서 밀어 넣어 보자.

알아두세요!

첫 번째와 두 번째 대화에서는 '무슨 말인지 알겠다'는 의미로 **I'm with you.** 또는 **I follow you.**와 비슷한 맥락으로 쓰인 경우이죠. 세 번째 대화에서는 어떤 문제에 대한 아이디어나 해결책이 떠올랐을 때 '옳거니, 알겠다'라며 감탄사로 쓰인 경우이고요.

THREE WORDS 75

You owe me

너, 나한테 신세졌다 / 신세 갚아라

- Thank you so much for picking up my dry cleaning for me.
  내 드라이클리닝 찾아다줘서 정말 고마워.

- **You owe me.**
  너두 한번 해주면 되잖아.

- Who's going to pay for drinks tonight?
  오늘밤 술값은 누가 낼 거야?

- **You owe me** from last time.
  지난번엔 내가 냈잖아.

- You're right; **I owe you one.** I guess it's on me tonight.
  네 말이 맞아. 내가 신세 한 번 졌지. 오늘밤은 내가 쏠게.

- Could you pay for my ticket? I forgot to withdraw some money.
  내 티켓 값 좀 내줄 수 있어? 돈을 찾아온다는 걸 깜빡했네.

- No problem. **You can owe me one.**
  문제 없어. 나한테 신세 한 번 질 수도 있지 뭐.

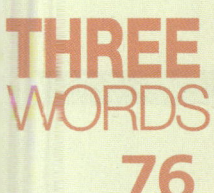

You look great
무척 예뻐/멋있어/근사해/괜찮아 보여

- Do I look fat in this dress?
  이 드레스 입으니까 뚱뚱해 보이니?
- No, **you look great**!
  아니, 무척 예뻐!

- **You look great** today. Did you do something new with your hair?
  오늘 너, 너무 근사해 보인다. 머리 새로 했어?

- **You look great** in those jeans, they suit you very well!
  그 청바지 입으니까 멋있어 보인다. 너한테 참 잘 어울리는데!

 이렇게도 쓰여요!

- Did you know I am actually 45 years old?
  실은 저 마흔 다섯 살인데, 알고 계셨어요?
- Really? I can't tell at all. **You look great** for your age!
  정말요? 전혀 눈치 못 챘어요. 그 나이에도 참 멋져요!

VOCABULARY

A

a ~ percent discount	~% 할인
acknowledge [əknάlidʒ]	(진가를) 인정하다, 알아봐주다
actually [ǽktʃuəli]	사실상, 실은
advertising campaign	광고 캠페인
all talk and no action	말뿐이지 실행에는 옮기지 못하다
amazing [əméiziŋ]	놀라운
ankle [ǽŋkl]	발목
anxious [ǽŋkʃəs]	불안해하는, 걱정하는
application [ӕplәkéiʃәn]	지원서
appreciate [əprí:ʃièit]	~을 고맙게 생각하다
ashamed [əʃéimd]	수치스러운, 부끄러운
ask out	데이트 신청을 하다
available [əvéiləbl]	이용 가능한
avoid [əvɔ́id]	피하다

B

bald [bɔːld]	대머리인
barge into [bɑːrdʒ]	~안으로 밀고 들어오다, 오라고 하지도 않았는데 들어오다
be attracted to [trǽkt]	~에게 끌리다
be busted [bʌ́stid]	잡히다, 발각되다, 체포되다
be injured [índʒərd]	다치다, 부상을 당하다
be scared of [skɛərd]	~에 겁을 내다
blow one's nose [blou nouz]	코를 풀다
board of directors [bɔːrd diréktər]	이사회
bored [bɔːrd]	지루함을 느끼는
break [breik]	휴식
burp [bəːrp]	트림을 하다

C

CD	씨디(compact disc)
change someone's tone [toun]	말투[어조]를 바꾸다
charity [tʃǽrəti]	자선기관, 자선사업
cheat [tʃiːt]	부정행위를 하다
coincidence [kouínsidəns]	우연의 일치
come home with me	나랑 같이 집에 가다
comment [kάment]	논평, 말
competition [kὰmpətíʃən]	대회
corrections [kərékʃənz]	교정본
co-star [kóustɑːr]	공동 주연자
crucifix [krúːsəfiks]	십자가
crystal clear [krístəl kliər]	수정처럼 명확한, 즉 아주 명확한
current trend [kə́ːrənt trend]	현재의 조류, 현재의 유행

VOCABULARY

D
dare [dɛər]	감히 하다
daycare [déikeər]	어린이집
decision [disíʒən]	결정
desperate [désp*ə*rit]	절박한, 필사적인
detail [ditéil]	상세한 것
die [dai]	죽다. 현재분사형은 dying
dilemma [dilémə]	딜레마, 진퇴양난
dirt [də:rt]	먼지, 때, 하찮은 것
disturb [distə́:rb]	방해하다, 귀찮게 하다
division [divíʒən]	나눗셈
do the laundry [lɔ́:ndri]	빨래를 하다
dope [doup]	불법적인 약물을 복용하다
driver's license	운전면허
dump [dʌmp]	차버리다

E
emotion [imóuʃən]	감정
even though [í:vən ðou]	비록 ~일지라도
eventually [ivéntʃuəli]	결국
exhausted [igzɔ́:stid]	완전히 지친
explanation [èksplənéiʃən]	설명
external [ikstə́:rnəl]	외부적인

F
faith [feiθ]	신뢰
fall apart	허물어지다, 절단나다
fall [fɔ:l]	넘어지기
feature [fí:tʃər]	기능, 특징
finalize [fáinəlàiz]	마무리하다, 결말짓다
flat tire [flæt taiər]	펑크 난 타이어
floor it [flɔ:r]	가속 페달을 밟다, 차의 속도를 내다
follow one's heart [ha:rt]	마음이 가는 대로 따르다
fully [fúli]	완전히

G
garbage [gá:rbidʒ]	쓰레기
get caught [kɔ:t]	발각되다
get divorced [divɔ́:rst]	이혼하다
get the hang of [hæŋ]	~을 하는 요령을 익히다
give something a boost [bu:st]	어떤 일의 성장에 동력이 되다
go to the hospital [háspitl]	입원하다

VOCABULARY

go traveling	여행가다
gonna	going to의 구어체 표현
grateful [gréitfəl]	고마운

H

hang in there [hæŋ]	잘 견디다
heal [hi:l]	낫게 하다, 치유하다
healthy [hélθi]	건강에 좋은
Heather [héðər]	헤더(꽃 이름), 여기서는 사람 이름
height [hait]	높은 곳
hedge [hedʒ]	생울타리. 생울타리를 타고 앉듯이 애매하게 말하는 표현
hopefully [hóupfəli]	바라건대
horrible [hɔ́(:)rəbl]	끔찍한
housebroken [háusbròukən]	애완동물이 대소변을 가리는
housework [háuswə̀:rk]	집안일
hurry [hə́:ri]	서두르다

I

immediately [imí:diətli]	즉시
impatient [impéiʃənt]	조급한
in charge of [tʃɑ:rdʒ]	~을 책임지는
in the meantime [mí:ntàim]	그 동안, 그 사이에
in the nick of time [nik]	아슬아슬하게 때를 맞추어
inappropriate [ìnəpróupriət]	부적절한
insist [insíst]	고집하다, 꼭 하고 싶다
instead [instéd]	대신
insurance [inʃú(:)ərəns]	보험
interchangeable [ìntərtʃéindʒəbl]	서로 바꿔 쓸 수 있는
investment [invéstmənt]	투자
invite [inváit]	초대하다
invoke [invóuk]	불러들이다
It's on me.	내가 쏠게, 내가 한턱 낼게.

J-L

jackass [dʒǽkæ̀s]	쪼다, 못난 놈
jerk [dʒə:rk]	찌질이, 쪼다
jinx [dʒiŋks]	액운을 불러들이다
lady's man	여자들과 잘 어울리고, 여자들도 자기랑 시간을 보내는 것을 즐긴다고 생각하는 남자
last straw [læst strɔ:]	한도를 넘으면 지푸라기 하나를 더 얹어도 낙타의 등뼈가 부러진다는 속담에서 '인내의 한계를 넘게 하는 것'을 뜻함.
Let's shake on it. [ʃeik]	(합의의 뜻으로) 악수합시다.

VOCABULARY

N-O

make sense [sens]		이치에 맞다
management job		관리직
match [mætʃ]		경기
math [mæθ]		수학(mathematics의 줄임말)
matter [mǽtər]		중요하다
mention [ménʃən]		언급하다
merger [mə́:rdʒər]		합병
mess [mes]		엉망진창
MIT		매사추세츠 공과 대학(Massachusetts Institute of Technology)
Nah [na:]		No의 구어체 표현
nervous [nə́:rvəs]		초조한, 긴장되는
object [ábdʒikt]		물체, 대상
organize [ɔ́:rɡənàiz]		조직화하다, 관리하다, 기획하다

P

package [pǽkidʒ]		소포
pagan [péiɡən]		(유럽) 기독교가 들어오기 전에 행해졌던 민간신앙의, 이교도의
parents-in-law [pɛ́ərənt-in-lɔ:]		시부모, 또는 장인장모
performance [pərfɔ́:rməns]		공연
plastic surgery		성형수술
politician [pàlitíʃən]		정치가
politics [pálitiks]		정치
pool [pu:l]		포켓볼
power company		전력회사
prefer [prifə́:r]		~을 더 좋아하다
pregnant [préɡnənt]		임신한
previously [prí:viəsli]		전에
properly [prápərli]		제대로
proposal [prəpóuzəl]		제안서
prosper [práspər]		번성하다

Q-R

quit [kwit]		그만두다
raise a family [reiz, fǽməli]		아이를 낳아 키우다, 가정을 부양하다
raise [reiz]		기금을 ~ 모으다
rather not [rǽðər]		차라리 ~을 않는 것이
reception [risépʃən]		수신 상태
recession [riséʃən]		불황, 경기후퇴
recover [rikʌ́vər]		회복되다
refuse [rifjú:z]		거절하다
regret [riɡrét]		후회하다

VOCABULARY

relationship [riléiʃənʃip]	관계
relief [rilí:f]	다행, 안심
repeat [ripí:t]	반복하다
resemblance [rizémbləns]	닮은 것
retirement home [ritáiərmənt houm]	실버타운
row [rou]	(옆으로 늘어서 있는) 줄
rude [ru:d]	무례한
rumor [rú:mər]	소문
rush [rʌʃ]	급히 가는 것, 급히 하는 것

S

sales [seilz]	판매부서
scholarship [skálərʃip]	장학금
score a goal [skɔ:r, goul]	한 골 득점하다
screw-up [skrú:ʌp]	실수, 실책
sensitive [sénsətiv]	민감한
seriously [sí(:)əriəsli]	진지하게, 심각하게
shame on you [ʃeim]	부끄러운 줄 알아야지
shout [ʃaut]	소리치다
silly [síli]	어리석은
sincere [sinsíər]	진지한
slap [slæp]	뺨을 때리다
soap opera [soup ápərə]	'아침 드라마, 연속극'의 줄임말 주로 주부들이 봤던 아침 드라마는 대개 비누회사들이 광고주였기 때문에 soap opera라고 불렀다.
specifically [spisífikəli]	특정하게 지정해서 말하면
spice [spais]	양념
spirit [spírit]	정신
start from scratch	맨 처음부터 시작하다, 맨 땅에서 시작하다
statement [stéitmənt]	(입에서 나온) 말
station [stéiʃən]	역
stick to [stik]	~에 매달리다, 달라붙다, 포기하지 않다
suggestion [səgdʒéstʃən]	제안
superior [səpíəriər]	상사, 윗사람
superstition [sù:pərstíʃən]	미신
supportive [səpɔ́:rtiv]	지원해주는, 도와주는
sushi [sú:ʃi]	초밥
swallow [swálou]	삼키다

VOCABULARY

T

tablecloth [téiblklɔ̀(:)θ]	식탁보
talent [tǽlənt]	재능
talented [tǽləntid]	재능이 있는
terms of the merger [təːrm, məːrdʒər]	합병 조건
terrible [térəbl]	지독한, 끔찍한
Thanksgiving [θæŋksgívin]	추수감사절
the one	앞에서 말한 특정한 것을 가리키는 말
the toughest of times [tʌf]	가장 힘든 때
thought [θɔːt]	think(생각하다)의 과거, 과거분사형
through [θruː]	~을 통해서
tickle [tíkl]	간질이다
tie the knot	결혼하다(= get married)
TOEIC [tóuik]	토익(=Testing of English for International Communication, 미국의 교육 기관에서 외국인의 영어 능력을 측정하기 위해 개발한 영어 능력 시험
tough [tʌf]	힘든
traffic [trǽfik]	교통
treat [triːt]	대하다, 다루다
trick shot	(포켓볼 등의) 묘기
trick [trik]	속이다
turkey [tə́ːrki]	칠면조

U-Z

unfair [ʌnfɛ́ər]	불공평한
unhealthy [ʌnhélθi]	건강에 좋지 않은
unlikely [ʌnláikli]	그럴 것 같지 않은
vacuum [vǽkjuəm]	진공청소기로 청소하다
vending machine	자동판매기
veracity [vərǽsəti]	진실성
volunteering [váləntíərinŋ]	자원봉사 활동의
vs. [və́ːrsəs]	'무엇 대 무엇'의 '대'를 뜻하는 versus의 줄임말
weekend [wíːkènd]	주말
What a shame!	안 됐다!
withdraw [wiðdrɔ́ː]	돈을 인출하다
ATM	현금자동인출기(Autcmatic Teller Machine)
wonder if [wʌndər]	~인지 아닌지 궁금하다
Wow [wau]	(감탄사) 야
wrap [ræp]	포장하다
zit [zit]	여드름

토마스와 앤더스의

영어 파파라치!

영어회화 파파라치 시리즈 2

도처에 널려있는 한국식 영어 오류들, 누가 좀 고쳐주세요!

- 동네 상점에서 공공기관의 안내문까지, 때론 황당하고 때론 부끄러운 영어실수들
- 간판, 표지판, 홍보물의 오류들로부터 영어를 쉽게 배우는 책!

저자 | Thomas & Anders Frederiksen
번역 | Carl Ahn

(주)진명출판사

www.jinmyong.com

가격 10,000원

(주)진명출판사

당신의 인생에서 일어나게 될 변화에 대응하는 확실한 방법!

누가 내 치즈를 옮겼을까?

Who Moved My Cheese?

스펜서 존슨 지음 | 이영진 옮김

220만부 돌파

220만의 치즈가
이제 당신의 치즈가 됩니다

(주)진명출판사

가격 12,000원

고려를 이렇게 **풍부하고
명쾌하게 해석한 역사서**는 없었다.

우리 역사 진실 찾기 시리즈 제3탄
백지원의 완간 고려왕조실록

상권 전기 왕권시대 | **하권** 후기 비왕권시대

청장 백지원 | 상권 값 13,900원, 하권 값 14,900원

참혹한 세월을 견뎌낸 조선 백성들이
피눈물로 쓴 **500년 조선사**

우리 역사 진실 찾기 시리즈 제1탄
백성편에서 쓴 조선왕조실록

상권 | 하권 왕을 참 하라!

청장 백지원 | 전2권 | 각권 값 15,000원

(주)진명출판사

Native 저자 Thomas와 ㈜진명 대표 Carl Ahn의

무료 영어회화 파파라치 시리즈 교실

※ 파파라치 시리즈 중 **한권만 구입하셔도** **1년동안 무료강의**를 들으실 수 있습니다.

강사	시간표			장소
Thomas	일요일	오후	5:00 ~ 6:30	북스리브로 서점 (홍대역 8번출구)
Carl Ahn	화요일	오전, 오후	7:30 ~ 8:40	㈜진명출판사 (홍대역 9번출구, LG팰리스빌딩 1601호)
	수요일	오후	7:30 ~ 8:40	
	목요일	오후	7:30 ~ 8:40	
	금요일	오전	7:30 ~ 8:40	

| 문의 | ㈜진명출판사
(02)3143-1336
010-4425-1012 |

주소: 서울시 마포구 양화로 156, 1601호(동교동, LG팰리스빌딩)
홍대역 9번출구 연결건물

㈜진명출판사

착한 맘 앤 데드 잉글리쉬
(English for Moms & Dads)

I'm Very basic!

Coming Soon!

알파벳 a, b, c부터 차근차근,
남녀노소 누구나 쉽게 접할 수 있는 영어공부입니다.

어려운 공부법은 이제 그만~

재밌는 취미생활로 일상에서 바로 쓸 수 있는 영어를 즐겨보시기 바랍니다.

(주)진명출판사